転職 or 残留

大企業↓ベンチャー／スタートアップ転職
その前に必ず読むべき1冊

会社に
ぶら下がって
働くな！

株式会社Red Con
代表取締役CEO
マーケティングコンテン　　　ント
宮崎晃彦

はじめに　働き方をアップデートしたいあなたへ

この本を手にしているということは――あなたはいま、所属している大企業を辞めて、スタートアップ／ベンチャー（新興企業）に転職するか、それとも踏みとどまるか、悩んでいるのでしょう。

「このままいまの会社で働き続けて、この先、大丈夫なのだろうか」「これからもずっと、古い価値観の人たちの下で、我慢し続けなければならないのか」「もういい加減、旧態依然とした働き方から抜け出したい」「でも……」と、モヤモヤしていませんか？　これまで長く勤めてきた環境を捨てて、新たな場所に身を移すのは、ものすごく悩むのが当たり前です。

コロナ禍をきっかけに、自分の人生を見つめ直す想いが一層強まった人は、少なくありません。実際、コロナ禍を経て転職市場は加速し、スタートアップ／ベンチャーへの転職者数は大幅に増えました。

コロナ禍は、人々の考え方や価値観、そして人生設計にも大きな影響を及ぼしました。また、コロナ禍において諸外国に比べてデジタル化や制度の刷新が著しく遅れている日本の現状が、あちこちで浮き彫りになりました。焦りを感じた政府が何度も働きかけて、ようやく近年、ＤＸ（デジタル・トランスフォーメーション）に本腰を入れる企業が増えました。

いままさに、生活や働き方をとりまく外部環境が大きく変わり、目まぐるしいスピードで変化しています。かつて「もっとも強いものが生き残るのではない。もっとも変化に敏感なものが生き残るのだ」とダーウィンが語ったように、環境の変化に適応できずに変われない企業は、滅びる運命でしょう。コロナ禍でその現実を目の当たりにし、行動を始めた人たちが増えたのは、日本にとってささやかな希望のように思えます。

しかし依然として、日本企業の人材の流動性は極めて低く、それ故に、社外では通用しない特定の価値観を頑なに維持しようとして、柔軟性を失い、新しいことを受け入れられずに年齢を重ねてしまうケースが散見されます。しかしそれは、自分自身の人生を考えた場合、とても「もったいないこと」だと私は考えます。

しかし一方で本書は、「何が何でもスタートアップ／ベンチャーに転職しよう」と、押し付ける本ではありません。大企業でしか実現できない大きな仕事も確かに存在しますし、大企業の中にいながら変化を起こそうと、チャレンジしている人たちも存在します。また、スタートアップ／ベンチャーへの転職を果たしても、すべての人が上手くいくとは限りません。移ってみたらそこにはまた別の問題が存在して、「やっぱり辞めるのをやめればよかった」と後悔する人だっているでしょう。

そこで本書では、転職エージェントが決して教えてくれないスタートアップ／ベンチャーへの転職の「現場のリアル」を、また「メリット」だけでなく、「デメリット」も率直にお伝えしていきます。どんな人が活躍し、どんな適性があれば活躍できる可能性が高いのか？　向き不向きも当然、あります。

大企業的な働き方と、スタートアップ／ベンチャーの働き方は、ボクシングとバーリトゥード（何でもありの総合格闘技）ほどに違います。例えば、スタートアップ／ベンチャーが、Slackなどのビジネス・チャット・ツールを駆使して全メンバーをひとつのトークルームに集約し、アジャイルかつスピーディにプロジェクトを進めていくのに対して、多くの大企業では、そうしたフラットなコミュニケーションを嫌がり、上意下達が大前提で、いちいち伝書鳩のように上申し、決裁のハンコをもらうために行列に並ばなければなりません。

スタートアップ／ベンチャーは、一人一人のビジネスパーソンが持つ権限と、なによりビジネスのスピード感が圧倒的に違います。これこそがもっとも顕著に、大企業とスタートアップ／ベンチャーの働き方の「違い」を示す一例です。

多くの変革は、常に辺境の地で生まれ、新たな価値観をもたらす外からやってきた人間によって起こります。本書を通じて、スタートアップ／ベンチャーのリアルな情報と知識を得た上で、あなたがそれでも勇気を出して新しい一歩を前に踏み出したいのであれば、その背中を私は押したいし、迷わず進んでもらいたい。そんな願いを込めて、この本を執筆しました。

新しい働き方に向き合い、この先、どう生きるのかを考える――。本書との出会いが、そんな人生のきっかけとなり、一助となれれば幸いです。

2024年4月

株式会社 Red Comet Management 代表取締役CEO
マーケティングコンテンツコンサルタント　宮﨑晃彦

【目　次】

第1章

いま、大企業からベンチャー／スタートアップへの転職がアツい理由

第2章

ベンチャー／スタートアップのリアル

第3章

ナニが違う？ 大企業VSベンチャー／スタートアップ

第4章

Youはなぜ、大企業からベンチャー/スタートアップに?

第5章

ベンチャー／スタートアップに向く人、向かない人

第6章

ベンチャー／スタートアップに転職すべきか、否か？

第7章

大手企業もかつてはベンチャー／スタートアップだった

コラム

第1章

いま、大企業からベンチャー／スタートアップへの転職がアツい理由

新興企業に限らず、現在の転職市場は活況を呈しています。総務省が2022年2月に発表した労働力調査によると、22年「転職等希望者数」は年平均968万人。前年から71万人増えて8％の大幅増となり、調査開始以降、過去最高の記録を更新しました。23年以降も転職希望者の増加傾向は続いていますが、転職希望者の数が増えている背景には、「コロナ明け」のタイミングでの経済回復や、リモートワークの普及による働き方やキャリアの見直し機運の高まり、副業解禁などが考えられます。

まさにいま、「大転職時代」を迎え、人の移動が当たり前になりつつあり、流動化が加速しています。その大波がまさに到来しようとしている真っ只中で、大企業からベンチャー／スタートアップ（新興企業）へ転職を考える人に向けて、どうやって船を漕いでいけばいいのかを手引きし、海図や羅針盤となるような役に立つ情報をお届けするのが、本書の狙いです。

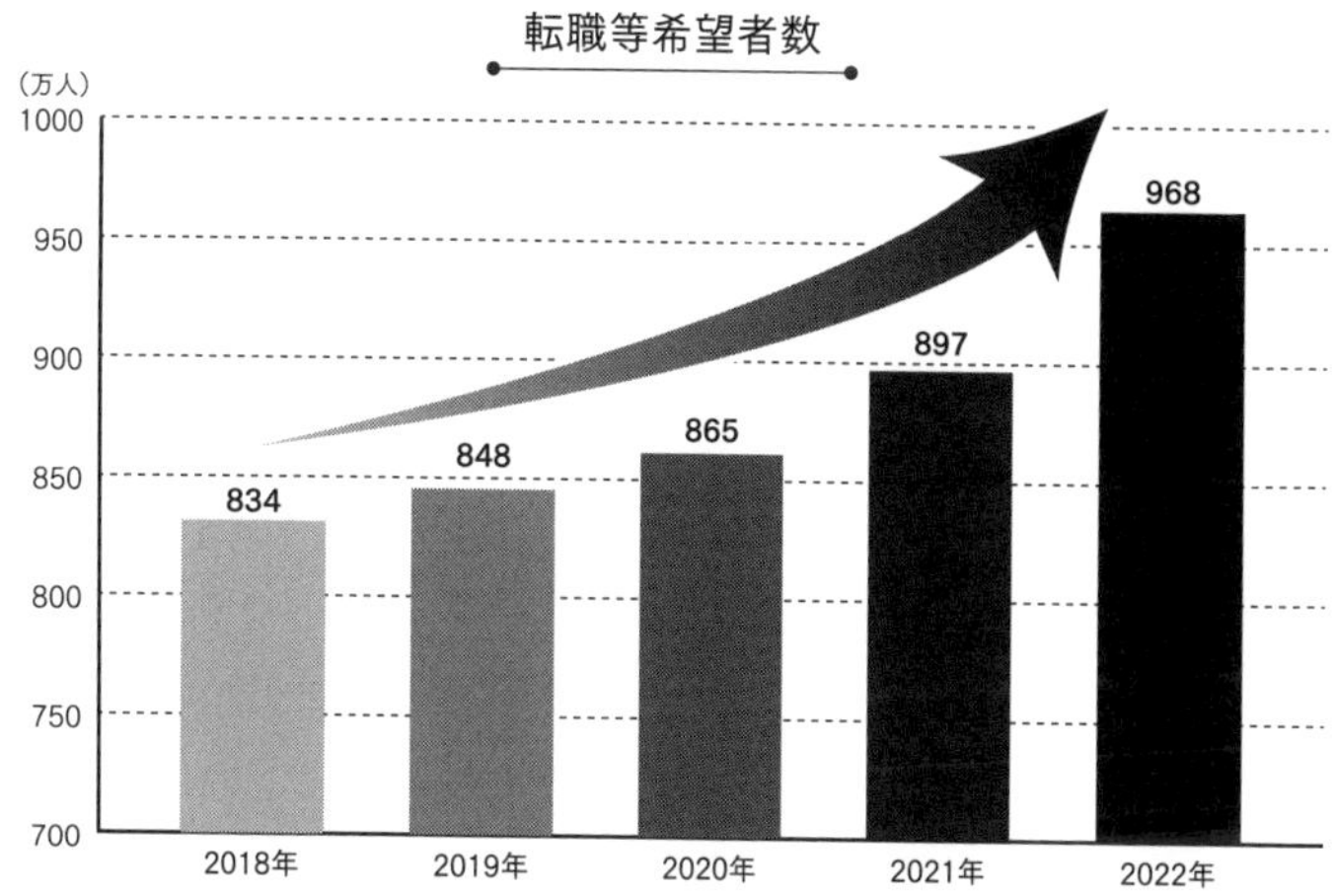

「労働力調査結果」(総務省統計局)(https://www.stat.go.jp/data/roudou/sokuhou/nen/dt/index.html)を加工して作成

本題に入る前に、そもそも大企業／ベンチャー／スタートアップとはどのような定義なのか整理しましょう。私もさまざまな人との会話の中で、ベンチャーとスタートアップを同じ意味で使っている人がいたり、分けて考える人がいたりで、よく混乱します。同じように、大企業という言葉の定義も、人それぞれでしょう。ここで重要なのが、「大局を捉える」ことです。大きな時代のうねりの中で、大企業とベンチャー／スタートアップの立ち位置や関係性はどのように変化を遂げているのか、その大局観を見極めてください。

大企業・ベンチャー・スタートアップの言葉の定義

まず初めに、それぞれの言葉の定義の違いを見ていきましょう。

大企業

文字通り、大きな企業のことですが、実は明確な定義はありません。「大手企業」と同じように使われています。株式市場に上場している企業を指して「大企業」と呼んでいる方も多いと思いますが、上場している中小企業も、僅かながら存在します。

一方、中小企業には明確な定義があり、中小企業庁の「法人税法における定義」によって区分けされています。例えば、製造業なら資本金3億円以下または従業員数300人以下の条件に該当すれば中小企業、といった具合です。同様に、サービス業や小売、卸売、建設、運輸などで区分けされ、中小企業者の条件を満たす定義が業界ごとに決まっています。

この定義にならえば、日本では約358万社（2016年時点）、実に99・7％が中小企業です。そして、ここに該当しない企業を大企業と呼んで差し支えないでしょう。その割合は、残るわずか0・3％で、社数にして約1万社。従業員数の割合でみると、日本の労働者の約30％が大企業に勤めています。

ベンチャー

経済産業省は、ベンチャーを次のように定義しています。

ベンチャーとは、新しく事業を興す「起業」に加えて、既存の企業であっても新たな事業へ果敢に挑戦することを包含する概念である。
ベンチャーは、産業における新成長分野を切り拓く存在であり、雇用とイノベーションを社会にもたらす、経済活力のエンジンである。(2014年　ベンチャー有識者会議　経済産業省)

要するにベンチャーとは、「大企業が行っていないような新しい事業を推進し、独自の技術を開発するこれまでにないサービスを提供する新興企業」。大企業の定義が曖昧なのと同様、ベンチャーにも明確な定義はなく、資本金や創業年数による区分もありません。ちなみに、元々ベンチャーは、「Venture：冒険的な企て」から作られた和製英語、つまり造語であり、海外では通じません。

もう一つ補足を。「ベンチャーキャピタル（VC）」は、未上場のベンチャーやスタートアップに対して、株式（エクイティ）による投資を行い、IPO（新規株式公開）時の株式売却やM＆A（合併・買収）で儲ける（キャピタルゲイン）投資会社を指します。

スタートアップ

「スタートアップ」とは、元々アメリカ・シリコンバレーで使われ始めた言葉で、英語圏では「Startup Company」と言います。その名の通り、「新しい企業や新規事業を起ち上げ、急成長する組織のこと」を指します。「スタート」という単語が含まれているものの、創業から間もないのか、スタートしたばかりなのかといった、起業時期や創立周年は、実は関係ありません。

スタートアップとベンチャーの違い

ここまで聞いても、スタートアップとベンチャー、どちらも大きな差はないように感じますよね。実際、混同して使われるケースがほとんどです。

私なりにもう少しだけ分かりやすく〝違い〟を説明すると、ベンチャーは「既にある顕在化したビジネスモデルをリノベーション（刷新）し、収益性を高める新興企業」を指し、一方のスタートアップは、「これまでにない新しい市場を開拓し、イノベーション（革新）を起こすことを目指す新興企業」と言えるでしょう。

マーケティング用語で「パーセプション（認識）を取りにいく」、といった言い方をしますが、これまでの発想の延長線上にないような、まだ人々の潜在意識下にあるような需要を創出し、「パーセプションを塗り替える」のが、スタートアップの醍醐味です。空飛ぶタクシーや家庭用ロボット、代替肉などのビジネスを創設するようなイメージが、まさにスタートアップです。

ざっくり言うと、ベンチャーが刷新的、スタートアップが革新的。とはいえ、ベンチャー的な企業の中に、スタートアップの要素が含まれることもあれば、その逆も然りです。そのため、本書では基本的にベンチャー／スタートアップ（新興企業）と、一括りにして解説します。

大企業からベンチャー／スタートアップへの転職がいま、注目されるワケ

それではなぜいま、大企業からベンチャー／スタートアップへの転職が注目されているのでしょうか。まずは、スタートアップを取り巻く現状を見てみましょう。

2023年、スタートアップ界隈の資金調達の総額は3354億円。前年の同時

期に集計した22年上半期の調達額である4160億円から、約800億円減少しました（23年7月時点　ユーザベース調べ）。22年、アメリカの中央銀行にあたるFRB（連邦準備制度理事会）による利上げ（蛇口を閉めてお金の総量を減らす）以降、世の中に流通する投資マネーが減少し、スタートアップ界隈が冬の時代へと突入しました。一方、日本の新興企業の資金調達の総額は22年に9459億円と、過去最高額を更新。しかし、23年には日本の市場も遅れて影響を受け、減少トレンドに転じました。アメリカの市場動向がワンテンポ遅れてやってくるのは、日本市場の常です。

投資を受ける資金調達社数も右肩上がりを続けてきたものの、コロナ禍をきっかけに踊り場へ差し掛かり、23年は資金調達の総額と同様、減少トレンドへ。年々大型化していた資金調達額も頭打ちになりました。

しかし、スタートアップへの投資が一気に萎むかというと、そうでもないようです。ＶＣ界隈では、「これまでのスタートアップの投資環境がバブルに近い状態、つまり過剰投資の状態にあったものが、より精査される正常な状態に戻っただけだ」と見る向きもあります。要するに、健全化しただけで、スタートアップ投資の機運が萎むわけではない、というニュアンスです。

多くの専門家が「今後もスタートアップへの投資が活発化し続ける」と考える理由の一つは、国がスタートアップ支援を行っていることにあります。事実、22年11月に開かれた「新しい資本主義実現会議（議長・岸田文雄首相）」の下に設置された「スタートアップ育成分科会」では、スタートアップ育成5か年計画（案）について議論され、次の計画が発表されました。

●スタートアップの投資額を現在の８０００億円規模から、５年後の27年度には10兆円規模と10倍増へ
●将来においてユニコーン（時価総額が10億ドル以上で、株式未公開／未上場の新

政府のスタートアップ育成５か年計画

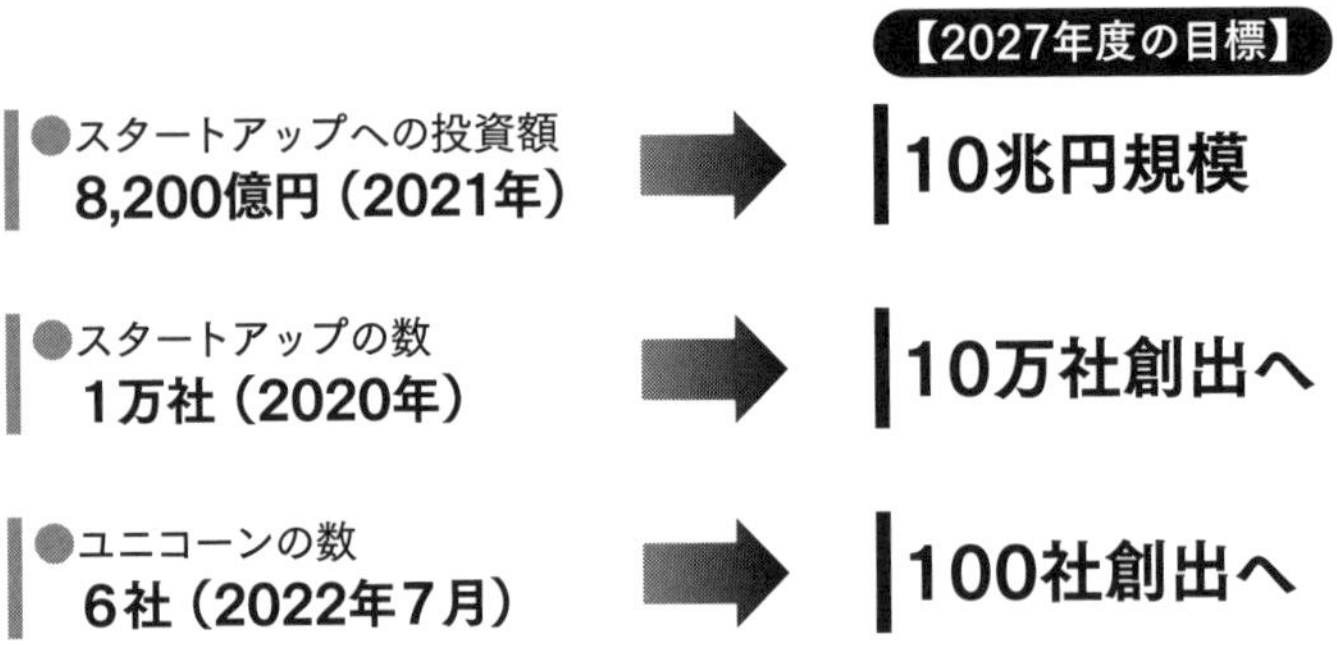

「スタートアップ育成5か年計画ロードマップ」（内閣官房ホームページ）
（https://www.cas.go.jp/jp/seisaku/atarashii_sihonsyugi/pdf/sdfyplan_roadmap2022.pdf）を加工して作成

興企業）を１００社創出し、スタートアップを10万社創出することを目標とする

この計画の実現の可能性はともかく、「スタートアップの投資額目標10兆円」という数字は、決して絵に描いた餅ではなく、あくまでも「実現すべき目標数値」です。対ＧＤＰ比で見た場合に、スタートアップの投資額としては諸外国と同程度の水準であり、やっと同等に肩を並べられるに過ぎません。

アメリカやヨーロッパなどの海外市場

では政府系機関の出資割合が高いのに対して、日本の場合、ＶＣへの出資者は銀行や事業会社が半数以上です。政府系支出の少ない日本の現状にもっと多様性を持たせ、選択肢と市場の拡大を促すためにも、政府系機関からの出資がもっと盛んになることを願います。いずれにしても、政府によるこのスタートアップ育成5か年計画案に対し、ＶＣや投資家界隈では「政府の本気度が伺える」と、概ね好意的に受け止められているようです。

このように、日本においても「スタートアップ・エコノミー」なる好循環が生まれる環境は、徐々に整いつつあります。優秀な経営者ほど、人材採用の重要性を理解して、いまから、資金調達したお金を採用活動に注ぎ込み、大企業で培ったノウハウと情熱を持った人を採用し始めます。かつてに比べ、大企業で働くのと遜色ないどころか、さらに高い給与をスタートアップは払えるようになってきています。これも、スタートアップ投資が盛んになったことによるメリットの一つです。

ベンチャー／スタートアップは、なぜ大企業人材を求めるのか？

大手企業からベンチャー／スタートアップへの転職事例が多く観測されるタイミングは、大きく3回あります。1回目は、自社のビジネスが大きく成長する時期。そして2回目は、IPO（株式上場）を控えた時期。そして3回目は、IPO後に、更なるステージへと会社を成長させる、第二創業期です。

1回目は、自社のプロダクトやサービスがある程度市場に受け入れられて売れるようになり、事業成長を加速させるフェーズ。このタイミングでは事業推進力、中でも営業力のある人材が特に求められる傾向にあります。

2回目はIPO（株式上場）を目指す過程。これまでの学生のノリだけで乗り越えられたフェーズから、大人の階段を昇るフェーズへと移行するタイミングです。ここでは、CFO（最高財務責任者）やCTO（最高技術責任者）などを迎え入れるケースが多いでしょう。

そして3回目。IPO後、更なるステージへと会社を成長させる第二創業期では、これまでの成長エンジンとなった事業を発展させながら、イノベーションを起こせる人材が求められます。

このように、転職先のベンチャー／スタートアップがどのフェーズにあるのか、自分が最大限に活きるポジションが空いているのか、見極める必要があります。詳しくは、第2章以降でお伝えします。

大企業からベンチャー／スタートアップへなぜ行きたいのか？

ここまで、社会の潮流やベンチャー／スタートアップ側のニーズに触れてきました。次に考えるべきは、大企業からベンチャー／スタートアップにチャレンジする側の適正です。転職を希望する理由は人によって千差万別ですが、こちらの希望と相手のニーズが必ずしもマッチするわけではありません。

多くの転職希望者に共通する動機は、「先が見えてしまった」ことではないでしょうか。よく言われることですが、自分の将来は会社の上司を見れば想像がつきます。10年後や20年後に自分は上司のようになっていたいのか？　それは同時に、大きな仕組みに守られた中で、一つの部品として生きていくことを選ぶのか？　という問いでもあります。かつてと違って大企業＝一生安泰とは言い切れなくなった現実や、大きく変化する外部環境に身を置く中で、いつまでも変化を拒む保守的な社風に嫌気が差した人もいるでしょう。もちろん、大企業ならではのスケールの大きい仕事や醍醐味もありますから、感じ方は人それぞれ異なると思います。

もう一つの動機は、「チャレンジしてみたい」でしょう。このまま年齢を重ねて動けなくなる前に、自身の能力やポテンシャルを試してみたいと考えるのは、ごく自然なことです。もちろん、若いうちなら万が一、失敗してもリカバリーできる、と考える人も多いのかもしれません。そんな打算は関係なく、自分の実現したい世界がある、といった「青臭い理由」も、私は素晴らしいと思います。

もちろん年齢に関係なく、40代以降でも、ベンチャー／スタートアップへ転職する人はたくさんいます。大企業での組織や事業マネジメントの経験を活かし、CxOや執行役員などのポジションで迎えられるケースも、少なくありません。

前述の通り、日本においてもスタートアップ・エコノミーの土壌が整いつつある中で、かつてに比べればベンチャー／スタートアップへの転職のリスクは少なくなり、求人の機会も増加しています。しかし、希望の芽を摘むわけではないのですが、それでもベンチャー／スタートアップへの転職で失敗してしまう人は存在します。

これは、良いか・悪いかの話ではなく、あくまで、向き・不向き、つまり適正次第だと私は考えます。今回、この書籍を執筆する中で、多くの転職経験者に直接、お話を伺いました。中には、「正直、転職しなければよかった」、と後悔している方もいましたが、その方々も「結果的に失敗ではあったけど、長い人生の中では糧となる良い経験になりました」と、ほとんどの方が語っておられたのが、印象的でした。

しかしそれでも、しなくて済む失敗は、できれば避けたいものです。本書では第2章以降、どんな人がスタートアップ転職に向いているのか、詳しく丁寧にお伝えしていきます。

第2章

ベンチャー／スタートアップのリアル

【数字で見るリアル】
大企業からベンチャー／スタートアップ転職の実態

冒頭でも述べたように、2021年の転職者のうち、大手企業から新興企業へ移った人の比率は約20％。実に約5人に1人が、大企業から新興企業へ移ったことになります。

大企業とベンチャー／スタートアップの年収差は、17年時点で約38万円差から、21年には15万円差と、ほぼ同程度まで近づいています。年収が1000万円以上の求人比率では、ベンチャー／スタートアップが上場企業をむしろ上回っているほどです（エン・ジャパン調べ）。

これらはあくまで統計データですので、個別具体に見れば、中にはベンチャー／

スタートアップへ転職して賃金が増えた人も含まれています。給与面で差がなくなり、事業と共に自身の成長を感じられる環境であれば、スキルアップを目指す優秀な人ほど移動していくでしょう。より好待遇を提示される人ならば、大企業に留まる理由がなくなるというわけです。終身雇用や新卒一括採用など、まだまだ日本独自の雇用慣習が根強い一方、こうした変化や進化の萌芽が見られることは、とても希望が持てます。

どんな職種やポジションのニーズがもっとも多いのか？

前章でも述べましたが、ベンチャー／スタートアップで求められるポジションは、そのフェーズにより異なります。

ベンチャー／スタートアップのフェーズを分ける区分方法の一つに、「投資ラウンド」があります。投資家が投資する企業の成長段階を示す指標により、資金調達額によってどの事業成長の段階や規模にいるのかがある程度推測できることから、投資家とベンチャー／スタートアップ経営者との間で、共通語として会話に出てきます。

投資ラウンドはシリコンバレーで生まれた用語で、資金調達ラウンドとも言います。「ラウンド」を「ステージ」「フェーズ」と呼ぶ場合もあります。区分の仕方としては、概ね次のようになります。

①**創業前・シード期**：基礎研究やビジネスモデルの模索段階。ほぼ実績がなく、事業成功の可否を投資家は判断しづらい。そのため、このラウンドで投資をしてくれる投資家をエンジェル（天使）投資家と呼ぶ。

②**創業・シード期**：サービス・製品開発段階。事業開発や商品開発のポジションへのニーズが高い。シリーズA、あるいはアーリーステージとも言う。資金調達額は数千万円〜数億円ほど。

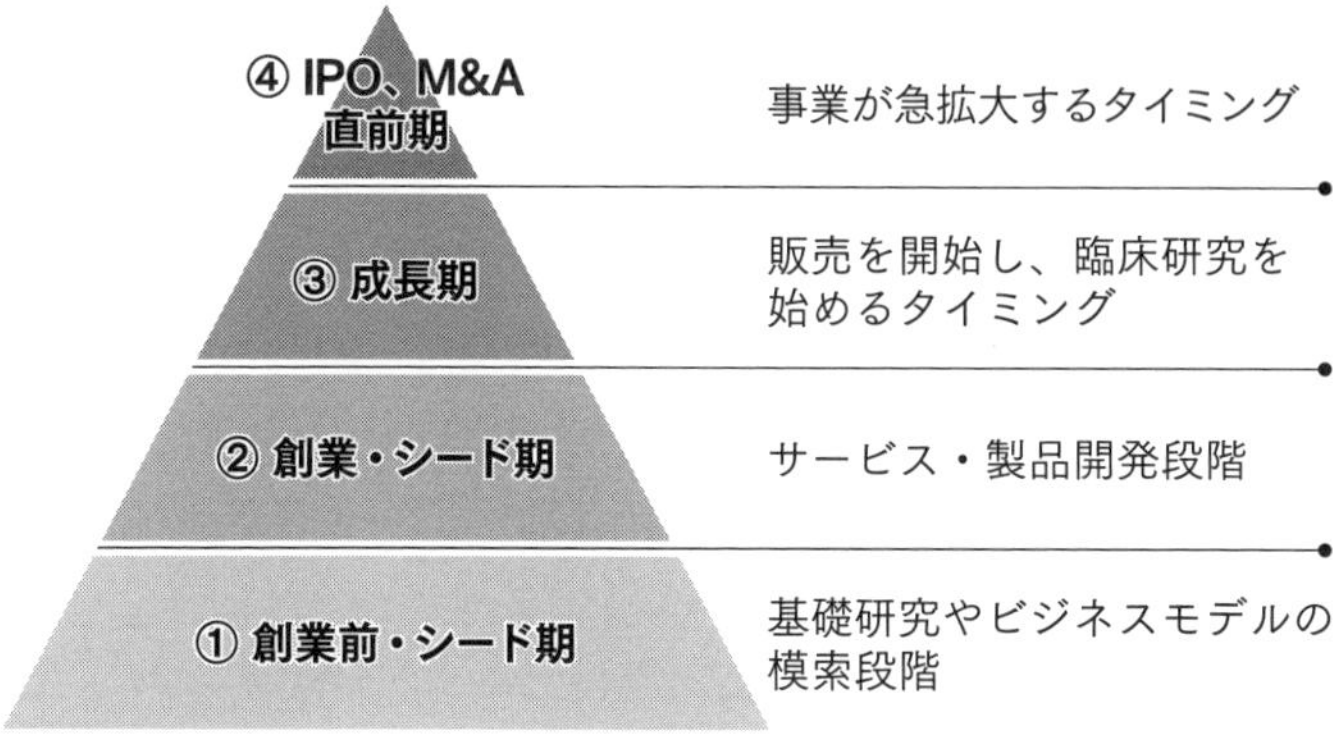

③成長期：販売を開始し、臨床研究を始めるタイミング。営業職へのニーズが高まる。シリーズB、あるいはミドルステージとも。

④IPOやM&A直前期：事業が急拡大するタイミングで、IPOやM&Aを目指す場合が多い。組織の拡大に合わせてあらゆるポジションが必要になる。シリーズC、レイターステージとも。

IT系のベンチャー／スタートアップの場合、①では代表とCTOだけで始めるケースがほとんどです（例：Appleのスティーブ・ジョブズ&スティーブ・ウォズニアック）。

その後、②ないしは③で商品・サービスが市場の中で適切に受け入れられる状態（PMF：プロダクト・マーケット・フィット）になると、営業系のスタッフを多く求めます。

さらに、組織を拡大させるフェーズに入り、ピラミッド状の組織を作っていくためのチームリーダーやメンバーを迎え入れ始めます。

そして④の段階では、さらなる拡大を目指すために資金が要るため、投資家や銀行とお金周りの話ができる経験豊富な「大人」のCFOが必要になるタイミングが訪れます。CFO以外にも、CMO（最高マーケティング責任者）やCHRO（最高人事責任者）、総務部長、COO（最高執行責任者）も必要になります。

CxOについて知っておこう

ちょうどよい機会ですので、ベンチャー／スタートアップ界隈でよく目にする、

ＣｘＯのポジションについて解説します。ＣｘＯポジションとして移籍する人だけでなく、これからベンチャー／スタートアップで働く方は、知っておいて損はありません。

ＣｘＯとは、「Chief x Officer」の略語です。Chief：組織の責任者＋Officer：執行役という意味があり、日本語では「最高〇〇責任者」となります。このＣｘＯは取締役・役員と似たように感じられますが、実際は法律上の根拠の有無に、違いがあります。取締役は会社法上選任しなければならず、役員も会社法で該当する役職が定められていますが、ＣｘＯにはそのような規定はありません。

ＣｘＯは、コーポレートガバナンスの徹底のために経営の監視役と事業の執行役を明確に分離する経営体制を敷く目的で、１９８０年代にアメリカで広まりました。日本では、97年、日本の総合電機メーカーが取締役会の機能強化を図る目的で設置したのが最初と言われています。

ＣＥＯ（Chief Executive Officer：最高経営責任者）を筆頭に、ＣＯＯ（Chief Operating Officer：最高執行責任者）、ＣＦＯ（Chief Financial Officer：最高財務責任者）、ＣＴＯ（Chief Technical Officer：最高技術責任者）、ＣＭＯ（Chief Marketing Officer：最高マーケティング責任者）など、15ほどのポジションがあります。

これらのＣｘＯポジションは、企業の目指す姿やビジョンにより、それぞれの重要度合いが異なります。例えば、営業力が事業推進エンジンの会社もあれば、技術力が事業推進エンジンの会社もあるため、どのポジションが重視されるかは、企業によって異なります。また、すでに似た経歴のメンバーが在籍しているのかどうかでも、必要とされる度合いが大きく変わります。

総じて言えることは、ＣｘＯポジションのニーズは、どのベンチャー／スタートアップでも非常に高く、それだけ、務められる人が希少であることの裏返しでもあります。

CxO	役　職	主な業務
CEO	Chief Executive Officer 最高経営責任者	経営に関する全責任を負い、最終的な経営判断を下す役割を担う。代表取締役社長・代表取締役会長などがCEOを兼務するケースが多い。
COO	Chief Operating Officer 最高執行責任者	CEOが立てた経営戦略を実行に移すことに対して責任を担う。CEOに次ぐNo.2の役職として扱われる場合が多い。
CFO	Chief Financial Officer 最高財務責任者	経営における財務面での戦略を立てて、実行に移す責任を担う。
CTO	Chief Technical Officer 最高技術責任者	経営における技術面での戦略を立てて、実行に移す責任を担う。
CMO	Chief Marketing Officer 最高マーケティング責任者	経営でのマーケティング面の戦略を立てて、実行に移す責任を担う。
CSO	Chief Strategy Officer 最高戦略責任者	CEOが立てた経営戦略を確実に実践するための戦略を立案し責任を担う。
CIO	Chief Information Officer 最高情報責任者	経営における情報運用面での戦略を立て、実行に移す責任を担う。
CHRO	Chief Human Resource Officer 最高人事責任者	経営における人事政策面での戦略を立て、実行に移す責任を担う。
CCO	Chief Communication Officer 最高コミュニケーション責任者	経営における対外コミュニケーション面での戦略を立て、実行に移す責任を担う。
CAO	Chief Analytics Officer 最高分析責任者	経営におけるデータ活用面での戦略を立て、実行に移す責任を担う。
CPO	Chief Privacy Officer 最高プライバシー管理責任者	経営上の個人情報保護面での戦略を立て、実行に移す責任を担う。
CISO	Chief Information Security Officer 最高情報セキュリティ責任者	経営におけるセキュリティ管理面での戦略を立て、実行に移す責任を担う。
CBO	Chief Branding Officer 最高ブランディング責任者	経営におけるブランド管理面での戦略を立て、実行に移す責任を担う。
CLO	Chief Legal Officer 最高法務責任者	経営における法務面での戦略を立て、実行に移す責任を担う。
CDO	Chief Design Officer 最高デザイン責任者	経営におけるデザイン運用面での戦略を立てて、実行に移す責任を担う。

中でもCFOポジションは、資金調達を担う重要なポジションです。一般的に、これまでのベンチャー／スタートアップは、まずはVCから投資を受け、その実績をもとに、銀行が融資する流れがありました。しかし現在は、初期段階から融資に積極性を見せる銀行も出始めています。スタートアップ側としても、株式を渡す必要がある上に多くのリターンを求められ、経営に口を出されるリスクのあるエクイティ・ファイナンス（投資マネーによる資金調達）よりも、銀行融資によるデット・ファイナンスを上手に組み入れて使い分けることが、安定した成長につながる――そんな認識が広がっています。エクイティを入れずにデットだけでの成長を目指す企業もあるほどです。

また、VCからせっかく調達した資金を、無駄に豪華なオフィスを構えるなどしてフェーズに見合わない無計画な使い方をしてしまう企業も一定数見受けられます。手堅く安定しつつも、非連続な上昇曲線を描くことを目指して、リスクを負いつつも必要な投資にはアクセルを踏める絶妙な舵取りを任されるのが、CFOのポジションです。適切な経営計画書を、場合によってはVC向けと銀行向けで書き分けができるような柔軟性が求められます。

このように、大企業での経験を活かしつつ、柔軟な対応力を求められるのがベンチャー／スタートアップで働くハードな部分でもあり、醍醐味でもあります。また、ベンチャー／スタートアップは事業内容をピボット（方向転換）することが常で、特にシード期〜アーリーステージでは、事業内容が目まぐるしく変わることも珍しくありません。そのため、ミッション・ビジョン・バリュー・行動指針などが転職希望者の考えとカルチャーフィットしているかどうかを重視して採用されるケースが多いのです。

コラム

リープフロッグ現象

途上国で急速に技術革新が発展し、新興国との逆転が起きる「リープフロッグ」現象をご存知でしょうか。すでに多くの解説がなされているのですが、要するに「通常は数十年かかる変化が、わずか数カ月で起こる」〝驚速の進化〟を、「カエル跳び」になぞらえたワードです。

リープフロッグ現象はかつての中国で起きたように、これからアジアやインド、アフリカ諸国で同様の現象が起こる可能性を秘めている、と注目されています。具体的には、多くの新興国で、公衆電話や固定電話、PHS、携帯電話の普及をカエル跳びのごとくすっ飛ばして、スマートフォンが一気に普及したり、銀行やATMの普及よりも先に、デジタルマネーやキャシュレス化が進みました。同じことが、タクシー配車サービスやＥＶ（電気自動車）などでも起きています。これらは「既存の社会インフラが整備されていない」が故に、デジタルによる新たなテクノロジーが取り込みやすく、進化のスピードが速いために起きた現象です。電信柱を国中に張り巡らせるよりも、スマホの広がりのほうが早かったのです。

「そんな世界規模の話、自分たちの仕事には無関係」と思ってはいけません。私はこれから先、このリープフロッグ現象が、会社単位や仕事単位でも起こると考えます。

では、リープフロッグ現象が起こりやすいのはどういう場所でしょうか？それは、「既得権益が少なく」「規制が少ない」場所です。すなわち、企業で「イノベーションが起きやすい条件」とまったく同じ。すると今後イノベーションは、シリコンバレーや深圳ではなく、インドやアフリカ、西アジアなどのどこかで、どんどん起こるかもしれません。同様に、この先イノベーションは大企業ではなく、ベンチャーやスタートアップでどんどん生まれる、と想像できないでしょうか。

日本では、一部の既得権益を守り規制緩和をしないために「失われた30年」という現実が生まれました。規制緩和は今も相変わらず進みませんが、それでも大企業が「様子見」している間に、ベンチャー／スタートアップ企業が一気に追い抜く現象が、起きるかもしれないのです。

かつて、「メイドインチャイナ」を「品質が劣悪な安物」と嘲笑していた結果どうなったのか、皆さんもご存知のハズです。とっくの昔に日本は中国に「追い抜かれた」のではなく、リープフロッグで「跳び越えられて」しまいました。「追い抜かれてはいない」と多くの人が思っているのは、気付くことなく知らぬ間に「跳び越えられてしまった」からではないでしょうか。

第3章

ナニが違う？
大企業VSベンチャー／スタートアップ

ベンチャー／スタートアップを巡る環境と、事業の成長フェーズごとに求められる人材の違いをざっくり理解したところで、ここからは大企業とベンチャー／スタートアップのさまざまな「違い」について解説します。

まるでボクシングVSバーリトゥード

大企業とベンチャー／スタートアップの違い。その違いはまさに、長い歴史の中で厳格なルールのあるボクシングと、何でもありの総合格闘技、バーリトゥードくらい「違い」ます。一見するとどちらもリングの中で行う格闘技で、同じように見えますが、実際に足を踏み入れるとその大きな違いに、戸惑うことでしょう。

その「違い」は、秩序と無秩序、ウォーターフォール型とアジャイル型といった具合に、仕組みやカルチャー、やり方のほとんどが対照的です。まったく異なるルールのもとに、各々が異なる戦い方で事業を行っています。そのため、これまであなたが大企業で経験し、積み重ね、獲得してきたマインドセットとスキルセットの総入れ替えを迫られます。「これでもか、これでもか」と、次から次へと既成概念が覆され、これまでの常識が破壊される。そんな異世界を目の当たりにすることとなります。

とはいえ、これまでに身につけた基礎力や思考力、応用力は活かせるはずです。本章では、その「違い」を、一つひとつ理解していきましょう。

【カルチャー編】ベンチャー／スタートアップはスピード命

大企業とベンチャー／スタートアップでもっとも顕著な差は、「段違いのスピード感」にあります。

なぜならベンチャー／スタートアップにとって、スピードこそが最大の価値であり、スピードでのみ大企業に勝てるからです。スピード感を持って事業に小回りを利かせ、朝令暮改は上等、社長へ直談判が推奨される――これらのカルチャーを良しとすることで、ベンチャー企業は大企業が追いつけないほどの優位なポジションを目指すのです。他の企業の状況を見て、下手を打たないように慎重に様子を見る横並び意識の強いスタイルの大企業とは真逆で、最大の差異です。私の体感的に、ベンチャーの1年間は、レガシー企業の4年間程度に相当するスピード感だと思います。

楽天の三木谷浩史社長が掲げるスローガンには、「スピード、スピード、スピード」と書かれています。スピードを3回も連呼（笑）。でも私はこの気持ち、すごく分かります。とにかく、スピードなのです。何も持たざるベンチャーが、大企業や他の先行企業に勝てる唯一の武器は、スピードです。これは、ソフトバンクグループ代表の孫正義さんなど、多くの経営者も同じ考えです。いかに早く、他よりも先んじられるかをもっとも重視する。「スピードこそ正義」なのです。

直談判上等

大企業で絶対に禁じ手なのが、自分の直属の上司を飛び越えてさらに上の上司に相談する「直談判」です。課長の頭を飛び超えて部長にダイレクトに相談するなんてことは、大企業では、絶対にタブーです。ところがベンチャーは、社長室に直接乗り込んで話を通す奴が勝つ。いきなりラスボスと戦えるRPGみたいなものです。特に初期フェーズのベンチャーであればあるほど、社長とメンバーの関係性は、フラットで近い距離感でしょう。

もちろん、キレキレに冴えたデキる社長に対し、自分の生ぬるい意見を言っては怒られ、メタメタにやられて気落ちもするでしょうが、何度も挑戦してブチ当たるうちにやがて共感ポイントや相反するポイントが互いに掴めて、「面白い奴だな」

と思ってもらえる。そう、どんなタフな相手でも、たくさんコミュニケーションをして、互いの価値を理解し合えれば勝ち！　これがベンチャーの醍醐味です。

「やっていいかどうかなんて誰にも分からん。でも、別にダメだというルールもないだろ？　だったらやってしまっていいんじゃない？　俺はもうすでに、やっちゃったけどね」みたいな感じで、実績や手柄をかっさらうのがベンチャーです。オフィスを舞台にした海外ドラマのワンシーンみたいですが、ベンチャー企業ではこれが日常で、実際によく見る光景です。

一方で大企業の場合は、自分がやりたいことを通すためには、上層に何人もいる決裁者に、何十個ものハンコをもらうのが常識です。このピラミッド型のヒエラルキーに慣れきってしまっていると、「いきなり直談判なんて、反則だ！　ズルだ！」と、批判的な感情を持ってしまうかもしれません。しかし、ベンチャーはバーリトゥードです。違法行為以外に、反則はありません。「いきなりそんなことするのは、ルール違反だよ！」という暗黙知や、社内の慣習がないのです。「それはあなたが勝手に遠慮や忖度をしているだけでしょう」と言われてしまうのが、ベンチャーです。

朝令暮改当たり前、トップと近すぎるぐらいの距離感

「朝令暮改」とは、朝に出した命令がその日の夕方にはもう内容が変わってしまうことですが、朝令暮改どころか「朝礼昼改」すら頻繁に起こるのが、ベンチャーです。

これはスピードを重視していることに起因します。ベンチャーは通常、オーナーである創業代表がいて、小回りが利く特性があります。そのため、朝の発言内容が昼には変更され、夜にはまた戻る、なんてことはザラです。大企業のように一度決めたら数年間は大方針が変わらない、なんてことはあり得ません。この「ワケの分

からないカオス」状態に振り回されることにいつまでも慣れず、どうしても肌に合わない人もいます。

経営トップはその時その時で、最短で最善の判断をしているつもりですから、それを遂行する側は、いかに意向をキャッチアップして対応できるかが重要です。このとき、「いままでやってきたことは何だったんだよ、納得がいかない」と反発する人は、だいたい辞めて去っていきます。利口な人はサンクコスト（埋没費用）を考えてしまうものですが、私はそれは、エゴに過ぎないと思います（もちろん、サンクコストを無視し過ぎると会社が潰れますが）。

私の場合、朝令暮改を食らったときは「俺には見えていない部分が代表は見えているからこそ、今度はそちらへ向かうと言っているんだな。ならば、どうやってそちらへ早く行かせられるだろうか」を考えます。周囲の役員連中もみな、「いつもの朝令暮改が出たよ」と、その状況を面白がっていました。「あり得ない」と眉間にシワを寄せて怒っても仕方がない。そこで面白がれるかどうかは、とても大事です。

リーダーは「言うことを従順に聞け」と言っているのではなく、往々にして、壁打ちの相手を探していたりするものです。トップから「どう思う？」と何かの意見を求められたとき、反論ばかり口にしても、首肯して媚びるだけでもダメ。そのうちにあなたの居場所はなくなるでしょう。自分の信じる考えを真摯に伝えても、頭ごなしに却下されたり、衝突したりすることもある。それでも時間が経ち、時にはこちらの提案のほうが正しかったと、後に分かることもあります。これを繰り返すうちに、次第に自分の立ち位置が固まっていくのです。

朝令暮改が最善の方法だと言いたいのではありません。朝令暮改が普通だと思って受け入れることが、ベンチャー企業に馴染むためのコツです。柔軟に頭を柔らかくする準備をしておきましょう。

一方で、トップの「暴走」を止める役割のポジションも同時に必要で、それがCFOだったりします。「代表、それはダメですよ」とブレーキをかける役割。スピード重視でリスクを負う部分と、慎重を期す部分がぶつかることは多々あります。どちらへ進むべきかの進路を見極めつつ、矛盾するようですが、朝令暮改に対して揺るがず追従もせず、反対意見を冷静に伝える判断もまた、時には必要です。

ちなみに、中にはトップとあまり接触せず、スペシャリストとして生き残れる人もいます。案外、このタイプの人はベンチャー内で求められ、確かなポジションが存在します。トップからは何を考えているのかよく分からなくても、自分にない能力を持った人であれば尊重してもらえます。

総じて、一番よくないのは、傍観者の立ち位置で批判だけを口にする、「批評家」タイプ。そして次に、「そのうち嵐が過ぎるだろう」と何もせず、じっとしているだけの「傍観者」タイプです。

【条件・労働環境・キャリア編】
「格差は逆転しつつある」 給料

第1章でも触れた通り、大企業とベンチャー／スタートアップの給料の格差は逆転しつつあります。

2022年「NEXTユニコーン調査（回答企業184社 日本経済新聞）」によると、スタートアップの21年度の平均年収は650万円。なんと、上場企業の平均額を45万円（約7％）も上回る水準です。ただし、スタートアップは初期フェーズから新卒を採用するケースが少ないため、給料の安い新卒を多く採用する大企業やメガベンチャーに比べて、統計上の平均値が上がりやすい点は注意しましょう。

また、この調査によると、医薬業界やソフトウェア関連で、好待遇による専門人材の獲得が目立っているようです。ＩＴ・インターネット・医療は、業界全体の年収が元々高い水準にあり、その金額に比例して、ベンチャーの給料も高い傾向にあります。その一方で、斜陽と言われる業種でのスタートアップは、年収が低い傾向にあります。

また、採用企業側は応募者の前職の年収を参考にするケースが多いため、前職の年収に引っ張られるという事情も原因にあるでしょう（もちろん、大幅アップを実現する人もいます）。

「大手とは違うユニークさで勝負」福利厚生

福利厚生は、企業によってその整備状況はまちまちです。大手企業のように、家賃補助や長期休暇を取得できるサバティカル休暇制度が用意されているケースもあれば、まったくの未整備な状態の企業もあります。例えば、メガベンチャーの筆頭、サイバーエージェントは、勤務しているオフィスの最寄駅から、各線2駅圏内に住んでいる正社員に対しては月3万円を、勤続年数が丸5年を経過した正社員に対しては、どこに住んでいても月5万円の家賃補助を支給する福利厚生制度があります。

健康保険や介護保険、労災保険は法律により設置が義務付けられていますので、それすら用意されていない企業は法令遵守の意識が低い可能性が高く、避けるべきです。「関東ＩＴソフトウェア健康保険組合」などの健保に加盟している企業は、福利厚生として、契約の保養施設・ホテルやスポーツクラブ、飲食店を低額で利用できるサービスが付帯されています。

創業年数にもよりますが、下記の制度を用意しているベンチャーは多いようです。

・人間ドック代や自転車通勤手当など健康増進を目的とした制度
・ＰＣ貸与（自分でＰＣの用意が必要な企業もあるため）
・時短勤務制度

・他部署交流会費用
・書籍代・セミナー代補助

また、
・若手社員が社長と同席できる制度（カヤック）
・最長6年間まで復職可能な休暇制度（サイボウズ）
・副業を促す制度（エンファクトリー）

ほかにも、ペット同伴可能な制度や勤続年数の長い社員に1カ月ほどのサバティカル休暇制度を設けているなど、独自性を押し出しているベンチャーも多く見られます。

「代わりになってもらえる人がいなくて労働時間は長め？」勤務時間

スタートアップ／ベンチャー＝長時間労働が当たり前のブラック企業、といった印象を持つ人も多いかもしれませんが、そうとは限りません。「健康経営」の考え方を取り入れたり、創業時から「週休3日制」などのユニークな制度を導入したりしているベンチャーもあります。

ベンチャーとはいえ、働き方改革やライフ・ワーク・バランスの時流を無視することはできません。転職活動を行う際、約6割の人が「テレワークの実施の有無」が応募意向に影響すると回答しています（パーソルキャリア「リモートワーク・テレワーク企業への転職に関する調査」21年11月発表 20〜30代 361名回答）。

この傾向は、若年層になればなるほど高まるでしょう。

転職を検討する際にリモートワーク・テレワークを
実施しているかどうかは応募の意向に影響しますか？

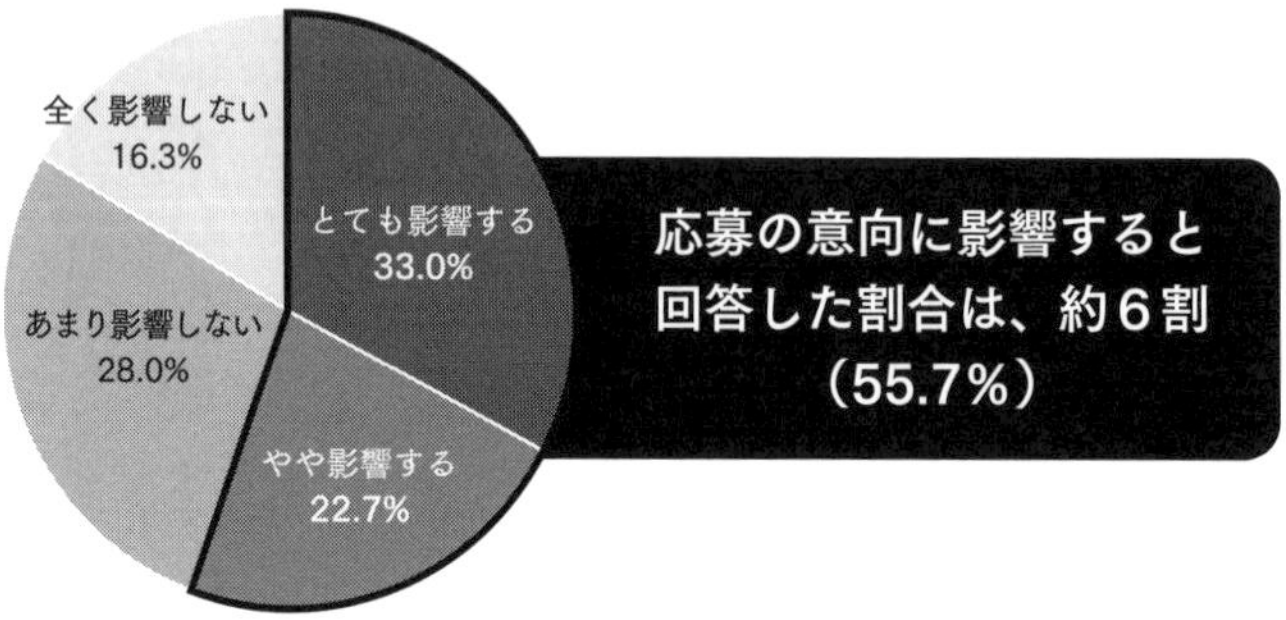

「転職サービス「doda」、「第３回リモートワーク・テレワーク企業への転職に関する調査」
（https://www.persol-career.co.jp/pressroom/news/research/2021/20211129_02/）を加工して作成

優秀な人材を獲得したいベンチャーのほうがむしろ、従来型の常識や慣習が少ない分、リモートワークのような柔軟な働き方に積極的だと言えるのではないでしょうか。

ただし働き方について言えば、一人一人の職務範囲や求められる役割は、大企業とは大きく異なります。大企業が何十人も束ねられた組織で動くのが基本なのに対して、ベンチャー／スタートアップは少人数で、一人一人の担う業務範囲が広いのが特徴です。プロジェクト単位でも、特に初期フェーズは一人でこなし、サポートしてくれるメンバーも少ない。リソースが十分ではなく、業務フローも整備されていないため、自分だけでプロジェクトを完遂する必要があり、場合によっては自身の休みや予定、勤務時間を犠牲にすることも十分にあり得ます。「代わりの人がいない」のは、ベンチャーやスタートアップの宿命です。ある程度、覚悟しておいたほうがいいでしょう。

企業や成長フェーズによって異なる部分はあるにせよ、いずれにしても人数が少なく、一人当たりがやるべき業務範囲が広く、仕事量が多く、代わりを務めてくれる人がいない、終わるまで自分一人でやりきらないといけない、といったプレッシャーの大きさは、ベンチャーやスタートアップで働く以上、確実に存在します。ボードメンバー（経営層）としてジョインするのであればなおさらです。経営に関して喧々諤々と意見を交わし合う一方で、自分の専門分野は誰にも相談できません。ファイナンスのことが分かる人は一人。開発を担う人も一人。一人一人がスペシャリストであり、少数精鋭型の「ミッション・インポッシブル」や「アベンジャーズ」の一員である心構えが必要です。あなたに求められる機能と能力を持っている人は、あなた一人しかいません。他にもいたらラッキー、基本はいないものと思って突き進むほうが、幸せだと思います。

このように、ベンチャー／スタートアップのボードメンバーがスペシャリティを求められるのは当然として、リーダーたちの配下に就くメンバーたちもまた、スペシャリストであることが求められます。メンバーシップ型雇用ではないので、個人の成果を即戦力として評価される世界。この違いを、まず意識下に刻んでほしいと思います。

こうしたベンチャー的な働き方は、外資企業で働いたことがある人には、むしろ当たり前かもしれません。例外もありますが、多くの外資企業ではミッションに基づき、担当する業務内容や責任の範囲、求められるスキル、ポジション、目標などが書かれたジョブディスクリプション（職務記述書）に基づいて契約し、入社しています。他の人は誰も手伝わないし、手伝ってもらえると思ったら、甘い。その代わり一人当たりの責任は重く、30代のマネージャーでも軽く1億円くらいのバジェット（予算）を持ち、自分の判断で決裁をしています。ベンチャー／スタートアップは、このジョブ型雇用に近い組織です。

ちなみに、外資の人たちはポンポンと企業間をまるで踏み台かのように渡り歩きます。しかしどの会社に行っても、これまでの職場の仲間と良好な関係を築いていて、新しい仕事を通じてさらに深くつながっていきます。この関係性は、日本の大企業に務めている人にはおそらく、想像もつかない世界でしょう。

日本のメンバーシップ型雇用では、会社の看板のもとに仕事をしています。あなたに頼みたい、ではなく、この企業の人に頼みたい、という優先度です。そのため、職場を辞めて会社の看板がなくなった途端に価値が0になってしまいます。一方で、外資やベンチャー／スタートアップは個の能力で仕事をするジョブ型の世界。自身のビジネススキルをアピールする必要が常にあり、ビジネスSNS「LinkedIn」で個のスキルを示す必要があるのですが、日本ではまだまだ、「転職のためのSNS」だと誤解されています。

ここまで、ベンチャーの特殊な例を見てきたかのように思えますが、むしろ多くの日本企業が、グローバルスタンダードに比べると特殊なんだと思います。日本型企業は、「みんなで一丸となって進める」ことを重んじます。そしてそれが、誰も責任を取らない、スピードが出ない、撤退の判断ができないといった弊害を生んでしまっているのです。

「少数精鋭・多民族国家・人の入れ替わりが激しい」組織

組織そのものの構造も、大企業とベンチャー／スタートアップでは大きく異なります。概念的に形容するならば、

- 大企業：歴史の中で体系立ててロジカルに組織ができ上がってきていて、ウォーターフォール的に動く
- ベンチャー／スタートアップ：未成熟であるために、組織やルールを構築しながら組織ができ上がっていき、アジャイル的に動く、少数精鋭部隊

「ベンチャー／スタートアップは多民族国家的である」というのは、年齢もキャリアも、元の業種も国籍もバラバラの人たち、つまり、さまざまな文化的背景を持った人たちが集まっていることの喩えです。この環境にも始めはかなりのカルチャーショックを受けるでしょう。その際に「いろいろな価値観の奴が集まっているから強い」と思えるか、「合わない人がいっぱいいるからやりづらい」と思うか。受け取り方の違いなのですが、こうしたマインドセットを変えられるかどうかが、その後のキャリアを大きく左右するでしょう。現在は大企業も多民族国家的になりつつあるので、多様性に早く適応したほうが得策です。

私の知り合いのベンチャー企業には、元美容師や元ミュージシャン、元エステティシャンなどがいます。明らかにフッーではない（笑）ファッションや出で立ちの人たちに最初は面食らいますが、皆さん立派にビジネスをしています。そのベンチャーの社長曰く「我々は新しい事業を行っているから、スキルを最初から持っている人はいない。それなら、変に経験値のある人を雇い入れるよりも、人間性で採用したほうが伸び代がある」のだそうです。

続けて「いままでの職務経歴なんて、どうせ役に立たない」とも。これには私もうなずける部分があります。というのも、中途半端に同じ業務の経験をしてきた人だと、「あれがない、これがない」と前の職場と比較し出すのです。一方、異業種に就いていた人や新卒社員は、変に比べる対象が存在しないまっさらな状態のため、特に疑問も不満も抱きません。スタートアップ的なお作法が当たり前だと思って受け入れているので、その後の成長も早い傾向にあります。

どうしても人は、過去の成功体験や経験に囚われがちです。しかしそれは同時に、自身の可能性を狭めることにもつながります。まったく勝手の違う場所へ移ってやり方が違うのなら、そこからどうすればいいのかを考え始めるほうが、間違いなく成長につながります。何かが足りないのであれば、作ればいいのです。

大企業出身者が陥りがちなケースは、これまであった組織や仕組みというハコありきで考えてしまうこと。しかし、よくよく分解して考えていくと、必ずしも組織をつくる必要はありません。組織は管理も面倒くさいし、何より人がいません。であれば、大げさな仕組みはまったく必要なくて、機能さえあればいい。そこに気が付いて初めて、ベンチャー的な発想ができるようになります。

1979年当時、ソニーの井深大氏や盛田昭夫氏らが「ウォークマン」を作ったとき、それまでのカセットテープレコーダーにはスピーカーと録音機能が付いているのが当たり前でした。しかし二人は、敢えてそれらを省いて、ウォークマンを作りました。社員は、これじゃ売れないと、反対しました。しかし、結果は大ヒット。携帯するにはオーバースペックな要素を削ぎ落とすことでシンプルな商品を開発し、音楽を持ち運ぶという新しい体験を生み出し、街の景色を変えました。Ａｐｐｌｅの iＰｈｏｎｅだって同じです。２００７年に iＰｈｏｎｅが登場したとき、「おサイフケータイ機能がない、メモリーカードがない、ワンセグでＴＶが観られない、だから日本では売れない」と考える人たちが大勢いました。その結果がどうだったかは、改めて説明するまでもありません。

このように、「こうあるべき」という固定概念を捨てて、ゼロベースで本質に立ち返り、本当に必要なものだけを求める。それがベンチャーマインドとして、欠かせない考え方です。

「年功序列VS飛び級あり」キャリア

私の主観も含まれますが、ベンチャーの場合は、会社の中で偉くなるという価値観よりも、自分がいかに未経験のプロジェクトに関わり、スキルを身につけるかに重きを置く志向が強いと思います。

一方で大企業の場合は、会社の中で気に入られるよう、任期中は下手を打たないよう、変に目をつけられずに、大人しくしたまま徐々に引き上げられるのを地道に待つ。全員がそうではないと思いますが、大企業にはどうしてもそういう側面があります。なぜなら、まだまだ年功序列型組織や終身雇用の考え方が根強く残っているからです。日本の場合、自分のキャリアデザインと会社のキャリアデザインは、ほぼ同一です。特に大企業の場合は、会社側が社員一人一人のキャリアプランを描き、個人はそれに従うのが当たり前の時代が長く続きました。

ベンチャーは真逆です。いかに戦いの中で手柄を挙げ、最短距離で駆け抜けるか。さらに、現時点では企業ブランドがゼロでも、「自分の力でブランドをつくる」ために働きます。会社という枠を飛び越えて思考し、今の事業には必要のないスキルであっても、自身のキャリアにとって有効なら身につけたいと考えます。これからの時代、キャリアプランは個人単位で、自分で描くことが求められるでしょう。

コラム

転職を決める際の「覚悟」について

私はかつて、上場を目指すスタートアップ／ベンチャーで、大企業出身の30代の男性を迎え入れた経験があります。誰もが知る大手企業を辞めてまで、名もないベンチャーで新たにチャレンジしたいという彼に、私は「何が不満で転職したいの?」と尋ねました。すると彼は、「いまの会社ではあくまでも自分は全体の中の一つのパーツに過ぎず、他の人の仕事内容もよく見えない。もっと上流から下流まで、すべての工程を俯瞰して見られるところで働きたい。そしてもっと上流の、顧客への提案や予算管理なども経験してみたいんです」と答えてくれました。

私は彼に対して、自社の環境を次のように、正直に伝えました。「私は部長職だけど、人が少ないのでほかのメンバーと同じ役割もこなしています。最初から最後まで一人でこなし、社内に代わりを務めてくれる人はいません。見積や価格交渉、企画の提案といった上流工程から、検品や納品作業といった下流工程まですべてを一人でこなします。社内のリソースが少ない分、案件単位で社外のパートナーの協力を得て、プロジェクトチームを編成して進めます。大企業では5～10人で役割分担するところを、一人でやらないといけないのでものすごく大変です。でも、言ってみれば自分がプロジェクトのオーナーなので、クライアントと握った予算と納期を守り、クオリティを担保できれば、やり方を含めて自由に好きなようにできます」。

すると彼は、「まさにそういうことをやりたかったんです。今日お会いして分かりました。自分は宮﨑さんみたいな人になりたいんだと」。私としては、ネガティブな大変さも正直に伝えた上で、腰が引けるかな、と構えていたのですが、彼の反応はすごく前向きでした。それだけやりたいのなら大丈夫かな、とすぐに入社してもらいました。

ところが……。次第に彼は覇気がなくなり、心が折れ、3カ月も持ちませんでした。辞めていく際に、何が本当にしんどかったのかを彼に聞いてみると、「自分の横や後に人がいてくれない不安に押し潰されました。また、常に自分が前面に立ち、こんなに細かい仕事まで自分が拾ってやらないといけないものなのか、と正直思ってしまいました。一人で自由にやれるメリットよりも、すべてを抱え、一人で責任を負うことになる辛さのほうがしんどかった。僕には無理だと思いました」。

このときの体験が、ずっと私の胸に今も残っています。

転職先を決める際は、自分の人生で満たしたい本当の欲求に気付き、何度も反芻して、自分が捨てることとやりたいことをしっかりと見極めて、「覚悟を決める」必要があるのです。ただ単に覚悟が足りないというよりも、自分自身が本当に重要だと考える価値観についての本音・本心や、自分自身のキャラクター・適性を見誤ると、取り返しがつかないダメージを負ってしまいます。ベンチャーやスタートアップへの転職は、会社員から個人事業主になるくらいのドラスティックな変化が訪れ、マインドセットの大幅な変更を求められます。覚悟を決めるためにも、本書をぜひ最後まで熟読してください。

第4章

Youはなぜ、大企業から
ベンチャー／スタートアップに？

この章では、実際に大企業からベンチャー／スタートアップへの転職を経験した方にインタビューして、その「生の声」をお届けします。彼らの葛藤と決断、そしてその後の奮闘が、皆さんの参考になれば幸いです。

【Aさん編】
大手企業から地方のベンチャーへ転職後に、また大企業へ。両面からみたベンチャー転職のメリット・デメリットとは？

――（聞き手宮﨑、以下省略）Aさんのキャリアについて、簡単に教えてください。

最初は大手飲食店、それから大手総合人材サービス会社へ転職しました。その後、地方のモビリティ・スタートアップへ転職。3年間在籍したあと、現在はまた大手の自動車メーカーで働いています。

――まず、大手企業から地方のベンチャーへ転職した話から伺います。大手からの転職は、相当のモチベーションと覚悟がないとできないと思いますが、転職しようと思ったきっかけは何だったのでしょうか？

大手時代、新規事業の創出を目指す、オープンイノベーション・プログラムに応募したことがきっかけでした。地方企業の活性化がテーマだったんですが、その仮説検証を行う中で出会ったのが、のちに転職先となる、地方のモビリティ・スタートアップでした。

そこで初めて目にした現場が衝撃で、とても印象的でした。都心のキラキラベンチャーとは違って、スマートではないんですけど、地元の国立大学を出た若手が白いTシャツを着て一生懸命に、地に足がついた事業をやっている。それがとても新鮮で面白くて。絶対、一緒に仕事がしたいと思いました。

そのオープンイノベーション・プログラムは結局立ち上がらなかったんですけど、

そこの役員に誘われてBizDevの責任者と会ってみたらすっかり意気投合。2日後には転職を決意し、当時はまだ彼女だった妻を連れて行って、その方々と会ってもらったら「いい会社だね」と、背中を押してもらえて。

――採用面接で「初めまして」でなく、中身や環境を理解した上でのチャレンジだったわけですね。とはいえ、自分は何を提供できるのか、求められているのかなど、転職の際はいろいろ考えるはず。一番決め手になった部分はありますか？

やはり、泥臭くて地に足がついていて、本気で地域の課題に向き合って解決しようとしている「本物の部分」に惹かれたことです。交通のＤＸを通じてモビリティインフラをアップデートすることで、地域の住みやすさやＱＯＬを上げられる本物の事業。そんな部分に共感を覚えて入社を決意しました。

これまで目にしてきたスタートアップが、イグジット目的に感じてしまうことが多かったのもあって、マネーゲーム感もキラキラ感もないところが、逆に良かったですね。

――入社前の面談ではどのようなアピールを？

入社の際にアピールしたポイントは、どの領域なら自分の力で会社の数字を変えられるか。PL上、どの売上に効くのか、逆にコストを減らせるのか、明確に示せる用意をしておきました。ただ一方で、入社後はそこに固執しないことも大事です。なぜなら、たとえ営業職で入社しても、それ以外の横断的な領域を任されるケースはたくさんありますから。ポジションの一箇所だけをこなせる職人みたいなタイプは、ベンチャーの事業フェーズによっては、自分の価値を発揮できないかもしれません。

――地方での勤務は初めてですか？ パートナーとの関係や年齢など、転職の際はさまざまな要因も気になりますよね？

地方は初めてでしたが、コロナ禍のタイミングと重なったため、柔軟な働き方をかなり受け入れてくれました。基本的には東京からフルリモートでやらせてくれて、出勤が必要なときだけ飛行機で本社へ。妻と別々に暮らす単身赴任とはならずに済みました。

決意したのは30代前半の頃。私たちには子どももまだいなくて、しかも妻は大手企業で働いているので、仮に私が失敗をしてもリスクを許容できる範囲に収められると判断して、転職に踏み切りました。実際、スタートアップへ転職して初年度は、妻よりも年収が下がりました。仮に失敗してもまた元の会社に戻ってこられる事例を、人材の仕事を通じてたくさん目にしていたことも大きかったのかもしれません。

――ベンチャー／スタートアップで3年間勤め、また大手企業へ転職したそうですが、どのような心境の変化があったのでしょうか？

前々職のときに実を結ばなかった新規事業への想いはずっと変わっていなかったことが理由です。地方を活性化させて競争力を上げたいと考え、交通移動体験そのものをアップデートしたいとスタートアップへ転職したのですが、この会社では実際に変えることができる範囲が、思っていたよりも小さいと感じました。僕の思い描く社会変革は、スタートアップ起点で切り拓ける類のものではないのかな、と。

もちろんスタートアップでゼロイチから取り組んで、世の中を変化させていくことに意義はあるし、それを成し遂げている企業はあるのですが、一方で、リソースや人脈、信用というブランドのある大企業だからこそやれる変革のほうが、スケールが大きいと気が付いたんですね。かなり悩みましたが、自分の心に嘘はつけないと、再び大企業をフィールドとして変革にチャレンジする選択をしました。

――実際に大手の自動車メーカーに戻ってみて、感じていることはありますか？

もし10年前だったら、私のようなキャリアの人間を雇用することはなかったのでしょうが、今はむしろ、歓迎されている空気を感じています。同質性の高い集団の中で、私のような異質な人間の希少性に対する、「変えて欲しい」という期待値を感じますね。

もちろん、レガシーな大企業特有の手続きの多さとか、振る舞いの定型的なお作法を求められることも多いのですが、でもそれって、前職のスタートアップにもあったんですよ。入社当初は30人くらいだった組織が１００人近くになると、スタートアップであっても根回しとか上申とか必要になって、大企業と似た感じの組織運用になってくる。よく言われる「100人の壁」というやつですね。組織運営の本質は、いかに社内で協力者を獲得してリソースを配分していくか。そう割り切れるようになったのは、スタートアップを一度経験したことが大きかったと思います。

――「ベンチャーに向く人・向かない人」についてのお考えを、お聞かせください。

私はスタートアップ時代に採用も担当していました。その視点で言うと、「前提となる与件が与えられなくても動けるような、本人の意志や主体性はあるか?」「課題を自ら設定して、それを乗り越えようとしてきた経験と力はあるか?」が、ポイントですね。スタートアップは問題が起き続けて、資金もどんどんなくなっていく時間的な制限がある中で、少人数でタスクをこなす必要に迫られます。それこそバタバタと仲間が倒れていく中で、どこから手当をするのか、優先順位を考え続ける野戦病院みたいな雰囲気です。そんな環境下では、「この領域しかできません」「やったことがないのでできません」は通用しない。たとえ経験がなくても、リサーチして仮説を立てて、とにかく前に進められる人でないと、ツラいと思います。

当時、大企業からの転職希望者もたくさんいましたが、私は「福利厚生もほとんどないし、1年後に潰れている可能性もありますよ」「リスクを慎重に考えてください、本当に大丈夫ですか？」と何度も念を押しました。とにかく転職したい、ではなく、何をしたいからベンチャー／スタートアップに転職するのか、スタートアップに来たら何がやりたいのか？ を何度も確認して、本人の覚悟を醸成してもらう必要があると意識していました。

――みなさん、大手企業からどういう動機で来るのでしょう？

当時、大手企業から転職を希望する方の動機は、主に二つでした。一つは事業ドメインへの共感。地域社会の課題解決とか、自分が理想とする社会の実現に貢献できそうだ、という期待値ですね。もう一つは、フラットな環境の中で、ゼロイチの立ち上げフェーズをアジャイル式にワイワイガヤガヤやりたい、という希望ですね。

いずれにしても、スタートアップはキラキラな情報しか表に出ないケースもあるので、事前にカジュアルランチなどを通じて、できるだけ中の人たちと話したり、一度なんらかのタスクを通して一緒に仕事してみることをオススメします。私の場合は、入社前にあるプロジェクトのチャットスペースに参加させてもらいました。そこでのやり取りを眺めるだけでも、仕事の雰囲気がかなり掴めました。

――逆に大手企業に残ったほうがいい人は？

組織の中に居場所があり、フィットしていて、強烈な危機感や焦燥感を感じていないのであれば、無理してスタートアップへいく必要はないように思います。なにしろ、スタートアップで働くには強烈な渇望感がある人でないと、しんどいですから。想いや覚悟の強さ、価値観への共鳴、熱量がない方が、逃げ場のユートピアとしてスタートアップを捉えると、互いにとって不幸だと思います。転職先のスタートアップが適職かを見定めるには、「人間関係が合う」「報酬が合う」「仕事のやりがいを感じる」の三つのうち、二つは当てはまっているか？　を判断基準にしてみると、いいかもしれませんね。

【Bさん編】ほとんど通用しない大手企業時代の経験と看板。それでもベンチャー／スタートアップに行くべき人とは？

——Bさんのキャリアについて、簡単に教えてください。

私は都合3社、延べ11年間、いずれも大手企業を経験したのちに、ベンチャーへ転職しました。

——転職を決意したきっかけは？

きっかけは、危機感です。前職は年間売上高1兆円規模の大手企業でしたので、営業の私はその1％のバリューも出せていないと感じていました。営業成績が良くても、会社の看板で売れているだけで、自分の成果じゃないと感じてしまい……。幸い、リーダー、マネージャーへと昇進したのですが、それに伴って内向きな社内調整仕事が増え、本当に自分のやりたいことが見えなくなっていました。マネジメント自体は面白かったんですけど、現場からどんどん離れていくし、自分の仕事の内訳で、社内調査が占める割合がどんどん増えていく。それで、そのモヤモヤを晴らすべく、X（旧Twitter）やFacebook、noteなどのSNSを通じていろんな人にアプローチして、いろんな人に会いまくったんです。そのときに、世の中には社格や地位、名声とかに関係なく、世の中を本当に良くしたいと思っている人たちがたくさんいることを知りました。

考えた結果、現在在籍しているスタートアップに一プレーヤーとして、営業職で入社することに決めました。20名にも満たず、営業は社長が自らやっているような状態。ほぼセールス第一号として、新規開拓を期待され、実際に任されました。

入社の決め手の一つはまず、この会社が切り拓こうとしているマーケットのポテンシャルの高さ。そしてもう一つは、入社前に会話をした会社のメンバーたちが、「この人たちとだったら、仮に今の事業が失敗したとしても、また一緒に何かができる」と思える人たちだったからです。

社会を良くしたい、自分たちでこうしていきたいという強い想いをめちゃくちゃ持っている人たちなので、この人たちと一緒にやって上手くいかなかったらそのときはそのとき、と思えました。

――「ベンチャーに向く人・向かない人」についてのお考えを、お聞かせください。

私自身、転職当初は「自分はベンチャーに向いていないのでは？」と悩みました。いろいろなギャップに馴染むまで、めちゃめちゃ苦労したんですよ。スタートアップも初めてなら、事業ドメインも初めてで、半年間ほどまったく成果が出なくて……。

大企業は、決められたオペレーションに則って、効率的に運営を回すことが求められるのに対して、スタートアップは、戦略も戦術も正解なく、自分たちで最適解を考えて実行する必要があります。とにかく成果を出して、お客様に価値を提供しなければ、生き残れない。そのために予算をつけてくれ、人を採ってくれ、足りなければ外部リソースを確保してくれ、とガンガンにアピールをして、自ら動く必要があります。大企業の現場レベルの制約の中では、なかなか経験しないことばかりです。

私がラッキーだったのは、前職でも組織の立ち上げを経験していたことでした。それはベンチャー転職の際にアピールした点でもありますが、実際に今も役立っています。ベンチャーはスピードも速い中で、仕組みを作って再現性を持たせて、勝ち筋を作っていかないと勝ち残れませんから。

この環境の中で心折れずにやりきるために必要なことと言えば、アンラーニングができて、常に新しい刺激を求められること、ですかね。変なプライドが邪魔をして、年下のメンバーにアドバイスを求められないとか、頭を下げられない、ロープレをお願いできないみたいな人は、厳しいと思います。いまでも私は、しょっちゅう社外の人に話を聞かせてください、と会いに行きます。ベンチャーでは自分の枠を取っ払ってしまったほうが、何事も進むのが早いんですよ。大手企業では競合他社の人に話を聞きに行くなんて、なかなかできないと思いますが。

加えて、「何がしたいのか」の意志が明確にあるかどうかも重要ですね。これまでの役職や成功体験に囚われることなく、今後の期待に重きを置き、会社の未来を信じられる人、意志を持って事業に取り組める人であること。現状維持の思考は、決して歓迎されません。

ベンチャーでは、「居心地の良さが数カ月続いたら、黄色信号だ」と言われます。つまり、安定してゆったり仕事をするのであれば、ベンチャーにいる意味がない。

逆に言えば、常にギリギリな居心地の悪さを楽しめるくらいでなければ、キツイだけだと思います。なんでこんなことをやらされるんだ、ではなく、新しい経験が一つ増えてラッキー、と思えるか。むしろ面白がって、自ら手を挙げられるような人じゃないと難しいでしょう。

もちろん、すべての人がこの環境を楽しめるわけではないと思いますから、すべての人にオススメはできません。大企業にいたときのケイパビリティがそのまま活かせることは少ないし、なかなかそんなに上手くはいきません。体験してみて、関わってみて初めて、貢献できるようになっていきますから。

もっとも、何にでも手を挙げすぎるのも禁物です。矛盾するようですが、何でもやれる必要がある一方で、価値が提供できずに中途半端になるくらいなら、やることを絞ることも大切です。すべてのタスクに自分がフルコミットしてかけられるリソースはありませんから、短期間で成果を出せるタスクに絞る選択と集中が重要です。そうすることで、事業のスピードアップにもつながります。

あとはとにかくスピード感ですね。大手企業時代の1年が、スタートアップでは1クォーターくらいの感覚です。会社が大きくならなければ顧客への価値提供もできないし、自分たちのやりたいことも叶えられませんから、スピードは大事です。

私も、ベンチャー転職は生半可の覚悟ではなかったので、成果を出せるまでは辞めないと、死物狂いで取り組みました。そんなとき、仲間たちが常に気にかけて声をかけてくれて、支援してくれました。叶えたい未来に向かって一緒に進める仲間がいてくれたことも、折れずに続けられた大きな要因です。

――ほかにも大手企業から入社してくる人はいるんですよね？

誰もが耳にしたことのあるような、超大手からの転職者が結構います。彼らに志望動機を聞いてみると、一つは「大手企業の看板を下ろした世界でやってみたかった」。もう一つは、「自分で何かを成し遂げたと言いたい。実感したい」ですね。すでにでき上がったマーケットではなく、これからの伸び代がある領域で、新しい時代を創っていきたいと希望する人は、結構多いです。

当社の場合、大手企業の顧客が多いので、意思決定や契約プロセスの複雑さなど、大企業ならではのお作法を理解していることが武器になります。それに大企業出身者は、入社時に高い競争率のふるいにかけられた上で、一通りの教育システムが揃った中で育ってきていますから、即戦力としての期待が高いように思います。

――働き方については、いかがですか？

ベンチャーだからといってハードワーク一辺倒ということはないです。当社は夜遅くまで働くことが正義という価値観ではありませんし、むしろ前職よりもフレキシブル。子どもの保育園の送り迎えも、実際に行っています。

確かにベンチャーは猛烈なスピードが求められるのですが、常に全力疾走であっという間に燃え尽きてしまっては、意味がありません。人生という長いマラソンを走るという意味では、家族との時間や、休息も必要です。当社の代表は自ら数カ月間仕事を休んで、それを実践しています。休暇を通じてインプットしないと、良いアウトプットは生まれませんから。

コラム

AIに仕事を奪われる人・奪われない人

「ChatGPT」の登場以降、生成AI周りの進化が頻繁に話題に上ります。そんな中、ソフトバンクグループ代表の孫正義氏が、2023年の「Softbank World」基調講演で、「10年以内にAGI（汎用人工知能）が実現する」と予測して、話題になりました。

AGIとは、既存のAIのように特定分野に特化したものではなく、一つのAIであらゆる分野に対応できる万能なAIのこと。さらに孫氏は、「AGIは全人類の叡智の総和の10倍を実現する」「10倍優れていると、もはや議論の余地がないぐらい優れた知能ということになる」「10倍になると、人間対サルの状態がAGI対人間になる。AGIを触る人と触らない人で、人間対サルぐらいの差ができてしまう」と語りました。

私は3年ほど前に、エクスポネンシャル・ジャパン共同代表の齋藤和紀氏にインタビューする機会があり、「テクノロジーの進化のスピードが無限大になるシンギュラリティが、２０４５年に到来する」と聞いて衝撃を受けました。しかし近年の動きを見ると、もっと早く到達する気がしています。

では、こうした「ＡＩ革命」が急速に進む次の時代、ＡＩに仕事を奪われないために、我々はどのような能力を身につけていくべきなのでしょうか。

ＡＩは「論理的思考」と「知識の活用」の能力が圧倒的に優れています。ではそれに対抗して人間は、「直感」と「経験」で戦えるのか？と言えば、その答えはＮＯです。例えば、タクシー運転手やトラックドライバーが長年の経験値で「この曜日のこの時間は、この通りが客を捕まえやすい」とか「この時間帯はこの道が混む」といったレベルの勘や経験値なら、過去の乗客情報や道路情報のビッグデータを活用してＡＩが判断すれば、瞬時に、より正確な指示が下せてしまいます。

では、これからの時代、「ＡＩによって代替されない、人間だけが発揮できる能力」とは、具体的に、どのような能力なのでしょう。世界経済フォーラム（ダボス会議）のGlobal Agenda Councilの議論によれば、多くの専門家は、「次の三つの能力が、ＡＩでは代替できない能力だ」と述べています。

①ホスピタリティ
②マネジメント
③クリエイティビティ

この話は知っておいて損はないというか、知っておくべき情報だと思いますので、一つずつ、詳しく見ていきましょう。

①ホスピタリティ

想像しやすいのは受付やコンタクトセンター、案内係などでしょうが、そうではありません。このホスピタリティにおいても、「定型的な言語コミュニケーション」によるサービス提供なら、簡単にAIが代替してしまいます。この定型的な言語コミュニケーションは、あらゆる仕事に共通して存在します。例えば営業職でも、毎回同じトークスクリプトを使い回しているなら、あっという間にAIに代替されるでしょう。

裏を返せば、AIに代替されないためにこれから磨くべきスキルは、「非言語的コミュニケーション力」と「対人的深層共感力」です。特に日本人は、前提条件の共有性が高いハイコンテクスト文化で、「言わずもがな」「わざわざ言わなくても（分かるでしょ、分かってよ）」という、言語化されない「阿吽の呼吸」を求めます。なので、ズケズケ発言すると、「空気を読め」と怒られてしまうのです。ＡＩではなく、人にしかできない能力とは、顧客や同僚などの仕事の相手の「胸の内（無言の声）」に耳を傾け、その気持ちを推察し、本質を捉えてサービス提供する「対人的深層共感力」となります。さらには、効率ばかりではなく相手の立場に共感し、思いやったり尊重したりする「温かい気持ち」を、言葉だけでなく態度でも伝える「非言語コミュニケーション力」を同時に磨いていく必要があるのです。

②マネジメント

この先、財務経理に限らずあらゆる「作業仕事」は、ＡＩやＲＰＡなどが担う場面が増えていくでしょう。単純作業は人間よりもＡＩのほうが、正確で速いからです。そのため人間は、ＡＩには代替できない、高度なマネジメントを担わなければならなくなります。そこで磨くべきは、「成長マネジメント力」と「心理マネジメント力」です。

「成長マネジメント力」は、コーチングなどを駆使して、組織やプロジェクトのマネージャー、リーダーとして、メンバーが能力を高め、プロフェッショナルとしての成長を支える力です。

「心理マネジメント力」は、カウンセリングなどを通じて、メンバーの対人関係など精神的な問題や悩み、苦しみから立ち直ることを支える力です。

③クリエイティビティ

クリエイティビティの中でも、革新的な技術の発明や斬新なデザインの発案は、そうそうＡＩでは代替できません。しかしそれらはそもそも、スティーブ・ジョブズやイーロン・マスクのような「天才的」能力なので、元々誰もが発揮できるものではありません。

では、AI時代に求められる、誰もが発揮できるクリエイティビティとは何でしょうか？　それは、「集合知マネジメント力」と「組織内アイデア実現力」です。

「集合知マネジメント力」は、組織のメンバーが集まって、それぞれの知識と智恵を出し合い、議論し、そこから新たなクリエイティブを生み出すプロセスを促す力です。この力を磨くためには、組織のメンバーがワクワクするような魅力的な「ビジョン・メッセージ力」と、メンバーが小さなエゴを超えて、互いに協力し合える場を創る「エゴ・マネジメント力」が求められます。

「組織内アイデア実現力」は、組織において、単に新たなアイデアを「発案」するだけでなく、そのアイデアを周囲に魅力的に説明し、上司を説得して、組織を円滑に動かすことによって、そのアイデアを「実現」する力です。

このように、企業や組織において真に求められるクリエイティビティとは、斬新なアイデアを思いつくことではなく、「集合知マネジメント力」や「組織内アイデア実現力」によって、実現させて初めて価値が認められるのです。

まとめます。これからの時代、AIに仕事を奪われない人になるため磨くべき能力は次の六つです。

●非言語的コミュニケーション力
●対人的深層共感力
●成長マネジメント力

●心理マネジメント力
●集合知マネジメント力
●組織内アイデア実現力

さらに重要なのは、これらを国や会社からの支援に期待するのではなく、自ら身につける努力をすることです。これからの仕事と働く環境を考える上で、「今いる場所で、これらの能力が磨かれるだろうか」を、考える必要があるのです。

第5章

ベンチャー／スタートアップに向く人、向かない人

ベンチャー／スタートアップに向くか向かないかはマインドセット次第

ベンチャー／スタートアップなどの新興企業では、どういう人で、どういう仕事をしてきた人が活躍できるのか。そう問われてもなかなか回答が難しいです。しかし、「どういうマインドで仕事をしてきた人が活躍できるのか」という質問なら、答えは簡単です。

あなたが新興企業に向いているのか・向いていないのか。その判断の分かれ目は、結論から言えば、「仕事で何をしてきたのか」ではなく、「どんなマインドセットで仕事をしてきたか」です。

例えば、「自分に裁量を持たせてもらえていたか」ではなく、「自分に裁量を持たせてもらえるように、組織にいかに働きかけてきたのか」。

もちろん大企業にいながらも主体性を持ち、本当はもっと裁量を持ちたいのに会社から任せてもらえず、くすぶっている人も少なくないでしょう（だからこそ、本書を手に取ったのだと思います）。この章ではベンチャー／スタートアップで活躍できる人、できない人の分岐点を、詳しくお伝えしていきます。

①「リミッター」を外すことに喜びを感じられる人

ベンチャー／スタートアップにもっとも向いていないと言えるのは、「与えられた仕事以外はなるべくしたくないと思って日々仕事をしている人」です。自身の仕事に追われて、なるべくチームのトラブルには関わらないように、巻き込まれないように仕事をしている人が、あなたの周りにもたくさんいるのではないでしょうか。特に大企業や公務員の中には、残念ながらそんな人が少なくありません。自分が今の会社や部署に在籍する間、無事故・無違反で過ごしたい、と安全運転しかしない人です。

これは迂闊に問題と関わって失点してマイナスの評価を付けられてしまうよりも、無難に過ごしているほうが高い評価になってしまう人事評価制度の設計に、問題があるのかもしれません。しかし少なくとも、こうした受動的マインドを育んできてしまっている人は、ベンチャーでやっていくには厳しいし、向いていない人だと断言できます。

無意識レベルで行動に制限をかけることが染み付いてしまっている人は、いざベンチャーに入ってからそのリミッターを外そうと思っても、外すことができません。ちょっとでもリミッターを外す度に、あるいは外すことを求められる度に「なぜ自分がここまでしないといけないのか?」との疑問が生じ、辛くなってしまうのです。

大企業にいる人は、いい大学を卒業して、地道に真面目にコツコツと勉強をしてきた人が多いので、努力の仕方は知っているし、ストレス耐性も低くないでしょう。ところが、いざベンチャーへ入ると、とたんに「試験範囲の定まらない試験問題を出される」現実を突きつけられます。それどころか「自分で試験問題を作って、自分で答えを出さざるを得ない」状況に置かれてしまう。まったく異なるルールのゲームが始まるわけですが、そもそもゲームチェンジが起こっていることに気が付かず、理解も納得もできない。その見えざる分岐点・ルールの変更に、大きなストレスを感じてしまうのです。

もちろんベンチャーの仕事にも、安全運転で確実性が求められる場面もありますし、スピード違反や信号無視をしろと言うことではありません。しかしその一方で、時にはスポーツカーで、レース場からダートへ出るような「はみ出た経験」も求められます。例えば、自分とは関係がなくても、放っておけずにほかの人の仕事に首を突っ込んでしまうとか、会社には内緒にしてでも勝手にプロジェクトを立ち上げてしまうとか。そんな「はみ出し」を喜んで選択するようなマインドセットを持っている人はベンチャーに向いているし、リミッターを外したいと心から願っている人は、自らどんどん外して進んでいくことができます。そういう人は「指示された通りではなく、自分で考えて進めていいんだ」と発見する度に、ストレスよりも喜びが増していくのです。

長い間、「この柵の外に出てはいけません」とずっと言われ続けてきた人は、突然、「外で自由に遊んでいいよ」と言われたとき、本当に出ていいのか、出てからどうしたらいいのか分からなくなってしまう。極論すれば、「柵の外に出たい」と思っている人は、出るなと言われているときからはみ出ているものなのです。このマインドの違いは、相当に大きなものだと思います。

そうした能動的な行動ができる人とできない人、向いている人と向いていない人は確実にいるのですが、ベンチャーで活躍できないからと言って、能力が低いわけではありません。合うか・合わないのかの「違い」に過ぎないのです。

②自分で「仕組み」を作れる人

「能動的に自分で考えて、仕事を進める」とはつまり、「自分でルールを作れる」「自分で仕組みを作れる」「自分で目標設定ができる」「自分で問題を作って自分で答えを出せる」ことです。しかしこれらはすごく難しいし、ベンチャー在籍者の全員ができているわけでもありません。どう定義するかにもよりますが、特に「ルールを作れる」は、それこそ、スティーブ・ジョブズやイーロン・マスクのような天才でもなければ、なかなかできません。

ルールを作るよりももう少し現実的なのが、「自分で仕組みを作る」ことです。仕組みを作る最善の方法は、自分の過去の経験値の中から少しでも似た手法を引っ張り出してきて、応用すること。もし、自分の経験値にないのであれば、他の会社や業界からでも、とにかく似ていることをやっている人を探し出して、その人に聞いて、そのアイデアを自分のものにする。そんな能力がベンチャーでは求められます。

私は33歳のとき、新卒から10年間勤めた会社である程度活躍し、仕事ができるようになったと勘違いして生意気になり、転職してみたらまったく通用せず打ちのめされた経験があります。転職したベンチャーは、それまでのスキルセットがまるで通用しない世界でした。

それでも心が折れなかったのは、これまでの経験を手繰り寄せて、一見するとあまり似ていない経験でも何とか応用できないか？と考えられたからです。来る日も来る日も、業務内容は初めて尽くしで、過去に経験値のある仕事はゼロ。それでも使えそうもない過去のスキルの中から、何とか使える部品を寄せ集めて、少しでも似たところはないか、使えるものがないかと探し、毎日毎日とにかく必死でした。

そんな見よう見まねを続ける中で、1年ほど経ったとき、「2周目」の問題に出くわすようになりました。つまり、試行回数が増える中で知らぬ間に経験値が増えて、「これ、前に解いたあの問題と似た問題だ」と、応用問題ゾーンに突入したのです。そして試しに一人で解いてみたら、解けた。そのときに初めて上司から一発OKをもらえて、あぁ、そういうことかと腹落ちしました。

私の場合はいささか非効率なやり方でしたが、いま思えばもっと効率的に、自分の経験値を増やすやり方があります。それは、過去に経験した人からパクる、というやり方です。たとえ自分は初めて直面したことでも、この世に経験した人が一人もいないことなんて、めったにありません。だからこそ基本は、「他所から上手くパクってくる」が有効なのです。

しかし、上手くパクって試すというのは、言うは易し行うは難し。コツは、一つではなく二つか三つパクってきて、混ぜて考えることです。一つだけだとただの「パクリ」ですが、たくさんパクってきて原型を留めないくらいに昇華させてしまえば、それはもはやオリジナルです。別の見方をすれば、そうでもしないと解決までに時間がかかり過ぎて、間に合いません。

大企業では大抵、同じような経験をしたことのある先輩がいて、その人を見つけてアドバイスを聞きに行けばよかった。しかしベンチャーは、「今までやったことのないことを進めるためにあなたに来てもらったんだから、自分で考えて責任を持ってやってください」と言われます。

しかも、現在は働く環境も変わり、昔のように夜遅くまで残業したり、休日出勤して働いたりすることは難しいです。しかし、仕事ができるようになるには、他人より仕事の「数をこなす」ことが有効なのは自明の理です。天才と言われているイチローや大谷翔平選手だって例外ではなく、ほかの人の何倍も、バットを振ったりピッチングの基礎練習をしているのです。

私の場合はもちろん、非凡な才能など持ち合わせていません。でも、ベンチャーへ行ってみたら一人でなんでもやらなければならず、バックアップしてくれる人は横にも後ろにも誰もいない。そんな環境で追い込まれることで、必死に仕事をこなしていたら、気が付くと自然とスキルが身につき、スピードが上がっていました。社内に相談できる人も前例もない中、社外や他業界の先行事例を見つけてはヒントにして「いつか何かに使えるかもしれない」などと、そんなことばかりを考えていました。

これは、私が大企業出身者ではないことがプラスに働いたのかもしれません。というのも、私は元々自分の所属する会社に期待していなかったんだと思います。大企業では、社内にしっかり仕組みがあり、すごい先輩たちがいて、問題解決が完結できる環境だと思います。私の場合そうした経験がないので、てらいもなく外の世界に答えを探しに行けました。

ともあれ、ベンチャーに身一つで飛び込むと、これまでの大企業での社内で完結する文化とは無縁になります。そのとき、土台を一から組み立てて作れるかというと、よほどの天才ではない限り難しいでしょう。だから日々の、一見するとまったく別の仕事からでも、あるいは社外で少しでも似ているものを見つけ出して、応用問題として解く。このマインドがあるか、ないかで適性が大きく変わります。

③「応用問題化」して解ける人

過去、私が一緒に働いた中で、他の人よりも成長のスピードが速い人たちはみんな、日々の仕事を「応用問題化」して、目の前の課題を解いていくタイプの人でした。

どういうことかと言うと、目の前の仕事を「1＋1＝2」「3×2＝6」と単品で答えを覚えるのではなく、「1＋1が2、3×2が6ということは、ここに他の数字が変数として入っても同じやり方で解けるということだ」と、解き方のコツを捉えます。もっと言えば、「その問題の本質的な構造を捉える」ということです。

この「応用問題が解けるタイプ」の人は、新人時代、タスクの初期段階でいちいち疑問を感じて、すごくしつこく質問してくるという特徴があります。「なぜこれをやらないといけないんですか？」「これはそもそも、何のためにやっているんですか？」「これをやることでこのあと、何につながるんですか？」。そのため、先輩たちから「うるさいな、新人なんだから黙って言われたことだけやれ」とか言われてしまいます。でも、彼らは自分が納得するまで質問して、納得するまでなかなか着手しません。それで、「着手が遅い」とか「いちいち面倒くさい」とかまた怒られる。でも、半年も経つ頃には、彼らは勝手に応用問題化して、過去に解いたことのない問題も、自力で解けるようになるのです。

これはどういうことか。要するに、頼まれた目の前の仕事を、単純なタスクとして捉えていないのです。自分が今、何の問題に直面していて、それをどこまで、いったい何を期待されているのか、問題の本質的な構造を理解しようとしている。応用問題が解けるタイプはみんな、同じでした。彼らは最初から、「次の機会に似た問題が出現したとき、どうすれば解けるのかを今、この機会に把握しておきたい」と考える思考回路なのだと感じました。

④「アジャイル」に「とりあえずやってみる」ができる人

次に重要なのは、とにかくやってみる・試してみる・失敗をいとわない姿勢です。極論ですが、大企業からベンチャーへの転職は、ウォーターフォール型からアジャイル型への思考の移行を意味します。この発想の転換を求められる場面で、多くの方が苦労するでしょう。

大企業は基本的に、上流工程から下流工程まで順番に進めるウォーターフォール型です。しっかりとしたロードマップがあり、手順を踏み、役割分担が決まっている。実行するために上長へお伺いを立てて筋を通し、稟議を通す。そして、失敗は許されません。

一方、仕様変更を前提に反復開発を行うアジャイル型は、途中のプロセスは問わず、何をやってもよく、とにかく早く答えを出すことが重要です。オープンソースのプログラムを使ってもいいし、他所にすでに仕組みがあるのであれば、お金を払って買って使ったほうが早い。そして、失敗してもいいからとにかく試す。実現可能性の事前調査「フィジビリスタディ」は、ベンチャー／スタートアップ界隈の大好きな言葉です。いわゆるソフトウェア開発で主流となってきた合理的な手法に、仕事のやり方もシフトする必要があるのです。

現代は、インターネットでさまざまな情報に瞬時にアクセスできます。ありとあらゆる手段で膨大な情報が集められます。さまざまな手法の本質部分や構造を上手く取り入れましょう。それこそ、ＳＮＳや生成ＡＩでアプローチしてみたら、もっと早く答えが見つかるかもしれません。そして、最初から完成形を目指すのではなく。まずは粗い「プロトタイプ」を作って、それを現場で実際に試してみる。細かな微調整はその後でいい。このやり方が、ベンチャー流です。

⑤「スピード」を重視している人

さらに大事なことは、これまで話した考え方のすべての前提に「スピードの重視」が存在することです。なぜなら、前述の通りスピードしかベンチャーの勝ち筋はないからです。スピード感を生み出すために権限が委譲され、仕事が任されていて、お伺いを立てている暇はなく、自発性を求められ、アジャイル型と言う名の、何でもアリの組織運営なのです。

最初はこのスピード感の違いに驚くことでしょう。私も例外ではありませんでした。ベンチャーに移る前の会社では、お客様と商談して見積りを提出するまで一週間、提案書なら二週間はかけていました。ところがベンチャーへ転職したら、見積りは商談したその日中に提出、提案書も今週中に提出しなさいと言われました。かれこれ20年ほど昔の話ですが、そのときの衝撃は今でもはっきり覚えています。

人の入れ替わりも頻繁に起こります。自分がベンチャーへ来たのと同じように、優秀な人がある日突然、ポンと別のベンチャーへ移っていなくなる。能力が高い人ほど回遊魚のように動いていくし、その可能性は常にあります。他に代わりはおらず、そもそも人数は少なく、コロコロと人が入れ替わる、スピードは恐ろしく速い。でも、人が入れ替わっても、会社としてちゃんと機能している。かつての私は、会社のメンバーはずっと一緒にいるのが当たり前だと思っていましたから、次々と激しく人が入れ替わる様は、当初はカルチャーショックでした。

こういったダイナミックさは経験してみないと分からないかもしれませんが、求められる発想の転換を知った上でベンチャーへ臨んだほうが、心の準備ができていいでしょう。もちろん、ベンチャー／スタートアップと一口に言ってもさまざまな企業が存在するので、これらの例に当てはまらないこともあります。ただ、大きな会社組織の中で生きてきた人にとって、ベンチャー転職は、天動説から地動説へのコペルニクスの転換が起こるような変化だと思って心の準備をしておいて、損はありません。

これまで大きな支えになっていた巨大な船のような精神的拠り所がなくなり、小さな舟で一人きりで荒れた海に出航するような感覚。そのため、受け身で安定志向の強い方や、とにかく早く家に帰りたい人、突然の変化に直面するとパニックになってしまう方も、向いていないでしょう。

⑥ 気持ちが「若い」人

気持ちが「若い」とは、新しい仕組みを取り入れることを嫌がらないことです。要するに、今までのやり方とは違うとか、使ったことがないからと理由を付けて抵抗するのではなく、何にでもとりあえず飛びついてみる。そんなマインドを持っている人は、気持ちが「若い」。これは実年齢とは比例せず、年齢が若くても保守的で守りに入ってばかりの人は少なくありません。

先日、新幹線の中で、iPadでYouTubeの「ゆっくり解説」を見ているおじいさんを見かけました。なぜそれを見ているのが分かったかというと、そのおじいさんはちゃんとイヤホンをしているのに、音が車内にダダ漏れだったからです。静かな社内に響き渡る人工音声の光景は、なかなかシュールでした。しかし私は素直にいいな、すごいな、とそのおじいさんを尊敬してしまいました。そのくらいの操作ミスは許してあげようよ、と微笑ましくなりました。気持ちの若さに年齢は関係ないのです。

一方、iPhoneが登場したとき、頑なに「俺はガラケーがいい」と主張する後輩がいました。LINEなどのチャットツールが登場したときも「メールしか使わない」と言っていました。こうした主義主張やポリシーはいいことですが、私はそんなものは、邪魔くさいプライドだと思っています。とりあえず使ってみて、便利だと思えば使えばいいし、合わないと思ったらやめればいい。使う前から否定するのがナンセンスだと思うのです。ChatGPTなどの生成AIも同様です。どれほど使えるものなのか、まずは試してみる。使えない理由を挙げてケチをつけるより、なぜこれをみんなが便利だと感じるのか、どう使いこなせばいいのかを考えるほうが健康的です。

この傾向は、40代くらいになると個人差が大きくなってきます。「仕事でチャットをするのは嫌だ。メールでやるべきだ」「コロナ禍でも会社に行かないと仕事ができない」「オンラインではコミュニケーションがとりづらい」などと声高に主張する人を見ると、私は単なる機会損失じゃないかと残念な気持ちになります。やった上で是々非々なら構いませんが、大してやりもしないでやりたくないと主張するのは、単なる時代遅れで、「自分は進化したくない」と言っているように聞こえます。そしてそれが、周囲に迷惑をかけていることに気付いていないのが、困ったものだと思うのです。

こうした「保守的なマインド」は、ズバリ言って、百害あって一利なしです。しかし、レガシーな文化の企業に長く勤めるうちに、知らず知らず保守的な周囲に感化されて、マインドが硬直化してしまっている若者も多いように見受けられます。決してミーハーになれとか、流行に迎合しろということではありません。仕事で使えそうなツールは、いち早く取り入れてみる。未経験の仕事が目の前にあればとりあえず飛び込んでみる。時代の流れに抗うことばかりに固執せずに、まずはやってみましょう。

余談ですが、コロナ禍を経て、私は外出する際にPCを持ち歩かなくなりました。込み入った資料制作以外の仕事は、ほぼスマートフォンで完結できるからです。メールやスケジューラはもちろん、クリエイターとのデザインのチェックバックなども、PCよりスマホのほうが効率的です。キーボードで入力するよりフリック入力のほうが早くなりました。そのためメールよりチャットツールを使う、そしてFTPやZip圧縮してパスワードをメールで別送、といったPCありきの仕事の仕方も、徹底して排除しました。もちろん仕事は相手があるので、パートナーだけでなく取引先にもそうした仕事のやり方をオススメして、変えられる範囲で変えてもらうようにお願いしました。最初は「面倒くさい」と抵抗した人たちも、少し経つとこの仕事のやり方のほうが効率的で、漏れなく仕事が早く片付くことに気が付いて、あっという間にそういう環境ができ上がりました。そのほうが、明らかに生産性が高まるのです。

仕事は自席でやるもの、スマホじゃなくてPCでやるもの、チャットじゃなくてメールを使うものだ、というのは固定観念に過ぎません。新しい便利なツールがあるのなら、どんどん使って、人よりも使いこなせるようになったほうがいい。「ウチの会社では許可されてないんですよ」というセリフもよく耳にしますが、企業の情報システム部門がなぜそれをNGとしているのか、その理由まで突き詰めて確認した上で、本気で使わせてくれと交渉した人は、果たして何人いるのでしょうか。

⑦「自責マインド」を持っている人

何かあるとすぐに会社のせいにし、他人のせいにする思考もまた、ベンチャーでは通用しないので気を付けましょう。仕事が上手くいかないときに周囲に責任転嫁する癖が身についてしまうと、なかなか厳しいです。そもそも何もない場所に自分で来ておきながら、「何もない」と嘆いても仕方がありません。何もないなりにどうするかを、考えるしかないのです。

⑧「売上を立てられる」人

「売上を立てられる」とは、営業職であるかどうかという意味ではありません。これも要は、「仕組みが作れる人」であるかどうか。仕組みがないからできない、はベンチャーでは通用しません。仕組みがないのなら自分で作ればいい、と発想できるかどうかです。

大企業では、すでにある仕組みに従って、自分は一部分だけを担うことがほとんどです。そのために工程や商流の一連の流れが把握できないことも多いでしょう。しかしベンチャーはそれでは困ります。何かプロジェクトを立ち上げる際は、どのポイントで誰からどのような売上が立ち、どのように回収するのかまでを一連で考えられなければ、その企画は使い物になりません。さらには、大企業なら何十人もの組織であたるようなプロジェクトやタスクを一人でこなすこともありますから、自分が自分の会社にどういう売上で利益をもたらすのかを発想できる、「売上を立てられる」人が求められるのです。

では、管理系の人は売上を作れないからダメなのか、というとそうではありません。管理系のポジションは、今使っている予算を減らすアイデアを出せばいいのです。500万円の利益を生むのと、500万円のコストを削減できるのは同じ価値です。業務を効率化・自動化するなどの仕組みを作り、データがすぐに見られるようにして、意志決定までのリードタイムを短縮する。これは大きな価値がある仕事です。他にも、企業のブランド価値・知名度を高めるといった広報を通じて、良いパートナーや取引先を開拓したり、優秀な人材の採用に貢献するといった仕事も、自社に大きな価値をもたらします。

こうした自社にもたらした価値＝貢献が、ひいては自分の人事評価や給料に関わってきますから、常に自身がどのように会社に貢献しているのかを、できるだけ数値で把握しておくことが大切です。これは大企業にいるときはあまり意識していない類の視点だと思います。

⑨仕事を「楽しめる」人

仕事が面白くなってくる境地に達する。ベンチャーにいる人が全員そうだとは思いませんが、少なくともベンチャーのトップ層はほぼ、仕事を面白がれるタイプじゃないかと思います。そして、ライフ・ワーク・バランスとか、仕事とプライベートを分けて考えることはしない。ライフ＝ワークとか、ワーク・アズ・ライフの感覚で、遊んでいるように仕事を楽しんで、遊びながらも常に仕事のことをどこかで考えています。

「昭和の企業戦士」や「モーレッサラリーマン」が過去の遺産となり、仕事や働き方への価値観も多様化する現代ですが、それでも私は、できるだけ若くて体力がある間に、一度でいいから寝る間も惜しんでプライベートも忘れて、本気で打ち込んで仕事に全振りしてみることをオススメします。そうすることで初めて仕事が「自分のもの」になり、「できる」ようになり、「面白く」なります。人生100年時代と言われる今、定年まで仕事をいかにラクしてこなすか、ではなく、仕事をする面白さを感じて欲しい。真の意味で成長するには、それしかないと思います。よほどの天才でもなければ、仕事ができるようになるには、人より仕事量をこなすしかありません。量をこなすには、仕事を好きになる必要があります。そして仕事が面白くなければ、好きになりようがないのです。

私は仕事柄、普段はフレームワークなどの理論を用いて業務の効率化を勧める立場ですが、そうした机上の理屈だけではどうしても通用しない、成長の仕方があると感じています。凡人や下手くそは、人よりも時間をかけるか、数をこなすしか上手くはなれないのです。非効率な時代遅れの根性論に聞こえるかもしれませんが、時間をかけることや数をこなすことを体力のある若いうちにやっておかないと、年齢を重ねてからではどんどん無理が利かなくなります。そして、その年齢になってから気が付いても、手遅れなのです。

ポータブルスキルはベンチャーで役に立つか？

次の視点は、持ち運び可能なスキル、いわゆるポータブルスキルについてです。皆さん、転職面談では「自身のスキルは再現可能です」とアピールしますが、果たして本当に再現性があるのでしょうか。今の企業に在籍しているときから、環境が変わった後でも本当に再現可能なスキルを自分が持っているのかどうか、冷静に見極めておくことをオススメします。

例えば、広報部門で「大手広告代理店の担当者とのダイレクトなリレーションがある」とか、総務や経理、人事部門で「人事や給与査定の刷新プロジェクトの推進経験がある」とか、営業部門で「新規商品の販売ルートを開拓した」などは、分かりやすいポータブルスキルです。

しかし、一見すると再現可能なスキルに思えたとしても、それは今の大企業の一員としてのあなたの場合であって、会社の看板が外れると、再現できない可能性もあります。また、それらはあくまでもプロジェクトチームの一員としての経験であって、一人でそれを再現できるか、と問われたらどうでしょう?

その意味で、本当に持ち運びが可能で、環境が変わっても再現性が高いポータブルスキルは、実はプロジェクト経験などではなく、その中でどのように仕事をしてきたか、というマインドセットの部分なのです。そう、またしても、マインドです。

ベンチャーが求めているのは、もちろん「ある分野のスペシャリスト」なのですが、前述のように環境が変わっても再現性があるのかと突き詰めると、いささか怪しい場合がほとんどです。であれば、「自分や組織に足りない部分を自ら見つけ出し、柔軟に補える」「自分でできないなら、できる人を探して来られる」といったスキルのほうが有効です。そしてこれらは、大企業の縦割り組織に慣れている人にとっては、これまでほとんど求められてこなかった能力です。なぜなら大企業ではそういう役割はかなり上のポジションに期待される能力であり、プレーヤーとして活躍してきた人には無縁だからです。

どのタイミングでマインドを切り替えられるかが勝負

私も若い頃は、やっぱり「会社にぶら下がって働く」のが基本的な姿勢でした。仕事はさせられるもので、給料はもらえるもの。その中でいかに手を抜いて、楽をするかに神経を集中していました（笑）。

そのため、自分がどのくらい会社に貢献しているかとか、ましてや会社を儲けさせているといった感覚は、ほとんどありませんでした。これは善し悪し以前に、ビジネスパーソンとしてのごく普通の感覚ですし、所属する企業が大きくなればなるほど、この感覚は強くなると思います。

ところがベンチャーでは、自分で稼がないと自分の立場がなくなります。会社に雇われているのではなく、自分が会社を稼がせる意識へと、マインドチェンジを求められる。しかし、これは誰かからハッキリ言い渡されるわけではないので、ボンヤリしていると気が付かないまま過ごして、なんだかずっとモヤモヤ、違和感を覚え続けてしまいます。

さらに恐ろしいことは、パソコンの前に座ってメールを打つなど表面上の仕事のやり方は一見すると同じように見えるので、何も変わっていないように錯覚してしまうことです。しかし、仕事に対する姿勢やマインドは大きく異なります。その違いに気付かずにいると、あとでひどい目に遭うのです。

ベンチャーはとても分かりやすい弱肉強食の世界で、当然ながら会社に貢献すれば高い給料をもらえますが、貢献していない人はいつ戦力外通告を受けてもおかしくありません。この違いに、おそらく誰もが面食らうし、戸惑うポイントでもあります。とにかく、ルールが大きく変わったことに早く気付くことがものすごく大切です。

その中で気を付けるべき点は大きく三つ。

一つ目は、「他責思考」。他人のせいにし始めるともう、際限なく負のスパイラルに入り込んでしまうので、気を付けましょう。

二つ目は、「やらされている感」。会社から給料をもらって仕事をやらされていると考え、会社にいる間だけ、給料の分だけ働く感覚でいると、失敗します。

三つ目は、「なんでもアリ」。これまでの固定観念を捨てて、勝手に遠慮というブレーキを踏まずに、やれることはなんでも試してみることです。

私はベンチャーにいる自分を、スポーツ選手に置き換えて考えていました。野球にしろ、サッカーやバスケにしろ、期待されたポジションでパフォーマンスを発揮できなければ、レギュラーメンバーに入れません。

結果を出せなければ、二軍に落とされ、解雇されていく。そうした成果型の評価ではない日本の終身雇用・年功序列型の環境で長く働いていると、成果型を突き詰めるとかえってギラギラした嫌なヤツみたいな扱いを受けてしまいます。すると、波風を立てないように、周囲に迷惑をかけないように、バランスを取った働き方が暗黙の了解になってしまう。しかし、ベンチャーへ行った際は、そのリミッターを意識して外す必要があります。短期間で、数字で結果を出さないと評価されないし、ジョブ型雇用の基準で判断されると認識しましょう。

降りかかる未体験ゾーンを目の当たりにして、人は無意識にさまざまな言い訳を作ります。これは心理的な防衛本能なので、自然なことです。教えられていない、手伝ってくれる人がいない、会社として進むべき方向が明確に決まっていない。何もない。聞いていた話と全然違う……。しかし、真の問題は、その後です。

その状況をいかに客観視して、メタ認知ができるかどうか。そこにあなたのベンチャー人生がかかっています。言い訳が止まらず、できないと決めつけて思考停止をし、他責思考で負のスパイラルに沈んでいく。そうならないようにしないといけません。

「何もないなら何でもやっていいんだな」と割り切って、開き直れると一気に視界が拓けます。「やってはダメと言われていないということは、やってもいいってことですよね?」「成果を出せば、どれだけでも稼げるんですよね!」と解釈して前に進めるようになると、仕事が楽しくなっていくはずです。

そうです。その状態こそがまさに、あなたが大企業に在籍していた際に感じていた不満や課題を解決できる環境に来ている証です。自由というのは、とても不自由だし、孤独でもあります。

ここで説明したことは、この本を読んでいる段階では、もしかしたら理解できないかもしれません。しかしもし転職後に、なんだかこのままではマズいぞ、と感じたときに、もう一度読んでもらえたらと思っています。

コラム

マインドセットは生まれつきのものなのか？

ベンチャーへ行き、180度環境と文化が変わる中で、マインドチェンジできる柔軟性を持つことの大事さを説いてきました。しかしかくいう私も、どちらかというとかつては柔軟性が低い人間だったと思います。粛々と、一つひとつきっちり業務をこなすタイプ、でした。だからこそ、ベンチャーへ転職したばかりの頃は面食らうことばかりでした。

あらゆることに対して「そんな仕組みすら、整ってないんですか？」と驚きばかりでした。かと言って、下手に指摘しようものなら、自分でやれと言われそうだし……。しかし不思議なもので、柔軟性を高めないと生き残れない場所にいたら、自ずと柔軟性が上がりました。むしろ上げざるを得なかったし、上げないと生き残れない場所でした。環境や立場が人をつくる、というのは真実です。

しかしその一方で、私は組織の中で粛々と下手を打たないようにおとなしくして、上司に気に入られようとする社内政治にはまったく関心がありませんでした。くだらないな、と思っていましたし、そこでミスなく生き残っていく才能もないと自覚していました。どうしてもそこに力点を置く気になれなかったのです。

その代わりに、目の前の仕事に集中して、次の手だけを必死にこなす。シンプルに最善を尽くして、とにかく誰よりも早くやることを心がけてきました。ちなみにこの「誰よりも早く」も、後天的に身につけたに過ぎません。本来はずっと後回しにしたい怠け者だと思っています。そんなに急がなくたって明日でも、来週でもいいじゃん、と思っていました。

しかしベンチャーでは、明日何が起こるか分かりませんから、マインドを変えざるを得ませんでした。大変なプロジェクトにいきなり巻き込まれ、まったく自分の時間が確保できない、ということが何度も起きました。そのときに「昨日やっておけば良かった」と何度も思いました。よく外国のことわざで「明日できることは今日やるな」と言います。しかし私は、真逆の感情を抱いたのです。今日できることを今日中にやっておかなかったら、明日エライ目に遭うぞ、と感じていました。毎日、どうしよう、どうしよう、の連続。約束していることが果たせない、納期は課せられているのに、時間を確保することに配慮はなされない。助けてくれる人もいない。どうする？　の連続が毎日続きました。その積み重ねで、変わりました。しかし、別に自慢話がしたいのではありません。

ここで伝えたいことは、私は初めから柔軟性やスピードを持っていたわけではない、ということです。環境が変わり、必要に迫られないと、人は変わることはできない、とお伝えしたいのです。

私が人より少しだけ違うところと言えば……、カッコつけたがりで負けるのがキライ、そのためなら多少のことは我慢できる点でしょうか。ＩＰＯを目指すにあたって社員を増員することになった際、当時の人事部長から、「こんな荒波のような環境の中で、宮﨑くんだけが長年やってこれたのはなぜ？」と質問されたことがあります。もしその理由に再現性があるのであれば、同じタイプを採用したら定着してくれるかもしれない、という主旨の質問でした。

そう聞かれて自分でも答えに詰まったのですが、よくよく考えて答えたことは、「使いものにならないと思われたままですぐ辞めたら、カッコ悪いじゃないですか」というアホみたいな回答でした。要するに、単純に自分の負けず嫌いだけでここまでやってきたという話です。前職をカッコつけて飛び出し、通用しなくてすぐに辞めましたではカッコ悪い。負けず嫌いこそが、私のモチベーションでした。すると人事部長は「それは再現性がないですね」と笑っていました。

もう一つ、印象的なエピソードがあります。

あるときすごく優秀な人が大企業から転職してきたのですが、半年ほどで見切りをつけて次を探すと言い出しました。なぜ辞めるのかを聞くと、「朝令暮改でとにかく無茶苦茶だ。すべてをこちらに押し付けて、数字遊びのような事業計画。実現できるとは思えない」。また、こうも言いました。「とにかく情報が少ない。詳しく話してくれない」。

確かに情報は少ないんですよ。でも、その情報を聞いたところで、どう行動するかが決められるのかな、と私は思いました。社内に情報がないなら、

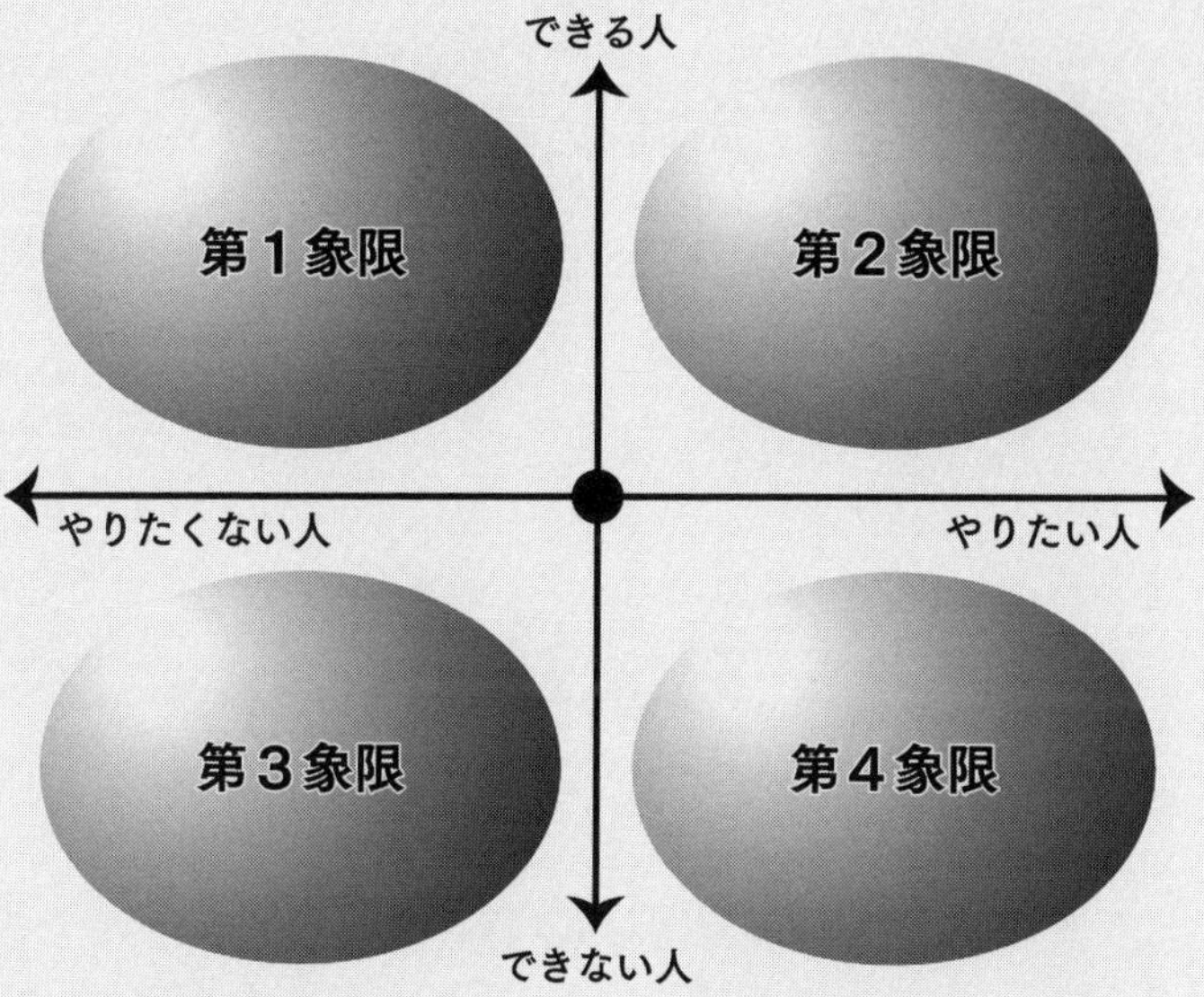

外で探してきたほうが早いんじゃないのかな、と。

そして、彼は印象的な言葉を残して去りました。彼曰く、世の中は「できる人・できない人」と「やりたい人・やりたくない人」の四象限マトリックスに配置できる、と。続けて、「宮崎さんは、できるし、やりたい人。私はできるけど、やりたくない人。だから辞めるん

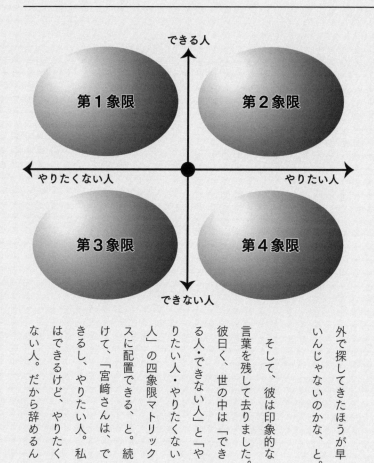

です」と言いました。私はなるほど！と、すごく納得して、彼を引き留めることを諦めました。

この話で私は、能力とマインドセットは別モノだ、ということに気が付きました。たぶん私は、できる・できないよりも、やりたいか・やりたくないかが大事だと考えている人間です。最初はできませんでしたが、やりたかった。一方で彼はできるけど、最後までその仕事をやりたいと思わなかったんでしょう。おそらく彼は、事業のビジョンに対して心底共感していなかった。私が「ベンチャーはビジョンで選べ」と本書でメッセージを強調して伝えているのは、こういう出来事があったからです。

皆、パフォーマンスやスキル、過去の経験値や実績が大事だと言います。でも、それらの多くは環境が変わったら、実は役に立たないものばかりだったりします。それよりも必要なのは、やりたい気持ちがあるかどうか。本気でやりたければ、多少の環境の不備や辛さは耐えられます。スキルや経験だって後から身につけられます。しかし、ビジョンが目指すところに共感できなければ、石ころと雑草だらけの荒れ地みたいなベンチャーでまともに野球なんかできるか、と思ってしまうのではないでしょうか。

あなたは「できるけど、やりたくない人」ではないでしょうか？　自分自身の価値観を見つめて、よく判断してください。その上で、やりたい気持ちとビジョンが合致したら、迷わずそのベンチャーの門を叩いてください。

コラム

自分の意見を「発信」する姿勢を持つ&SNSを積極的に活用する

ベンチャー／スタートアップでは、「自身の考えや意見を、部署や上司を飛び越えて、積極的に話したい人に話にいけるかどうか」、もポイントです。大手では、部署や上司を飛び越えて動くと叱られるでしょう。しかし、ベンチャー／スタートアップでは真逆です。自分の意見を言わない人＝存在価値が薄い人。「何を考えているのか分からない」「もっと意見を言って欲しい」と指摘されます。

さらに、これからは、社内だけでなく社外に対しても、blogやX（旧Twitter）、Facebook、Instagram、YouTube、noteなどのSNSを活用して、自分の言葉で情報を発信していく必要があります。これも大手企業ではNGとされる行為ですが、ベンチャー／スタートアップでは、やらないことが自身の存在価値や信用、セルフブランディング的にマイナスになります。

SNSは日本の大手企業は禁止のところも多く、従業員の言論の自由は、厳しく制限されています。しかし、ベンチャー／スタートアップでは、SNSをやっていない人は、怪しまれます。借金を返していないとか、表に出られない何かがあるのか？と不審に思われてしまうのです。

ベンチャー／スタートアップでは、所属企業による信用は得られないため、SNSでの発信内容や経歴、人とのつながりがチェックされ、それが与信となります。大手は会社名が看板、ベンチャーはSNSが個人の看板になるのです。そのため、自分の意見だけでなく、自身のビジネスキャリアや保有スキルなども、LinkedInや名刺アプリなどにしっかり記載し、常に見てもらえるよう発信し続けましょう。

最近のベンチャー／スタートアップ界隈では、名刺交換もなく、いきなりSNSでつながるケースが増えています。名刺も交わさないなんて失礼だ！と思うかもしれませんが、逆にSNSをやっていないなんて怪しい、付き合いづらそう！と思われてしまうのです。

私の場合も、仕事や講演の依頼などなんらかの新たなオファーは、もっぱらFacebookメッセンジャーなどで受け取ります。外資企業では超大手でもバンバン転職するので、過去の名刺情報を持っていないことも多いのです。SNSでつながっておくと、個人対個人でいつでも連絡が取れますし、互いの近況を把握し合っているので、数年ぶりに会っても「ご無沙汰してました」の感覚がありません。

もちろん発信する際、機密性の高い情報は発信してはいけません。その辺りのバランス感覚やエチケットも、身につける必要があります。

第6章

ベンチャー／スタートアップに転職すべきか、否か？

【特別対談 森本千賀子氏】

最新のスタートアップ転職トレンドと対策

プロフィール

株式会社morich 代表取締役 兼 オールラウンダーエージェント

獨協大学を卒業後、1993年リクルート人材センター（現リクルート）入社。転職エージェントとしてCxOクラスの採用支援を手がける。全社MVPほか、受賞歴は30回超。現在は、株式会社morich／株式会社morich-To／株式会社and morich代表として、転職エージェント事業支援ほか、社外取締役／顧問／NPO理事などパラレルキャリアを体現。

NHK「プロフェッショナル～仕事の流儀～」「ガイアの夜明け」にも出演、日経新聞「人間発見」に連載されるなどの各種メディア、『1000人の経営者に信頼される人の仕事の習慣』『本気の転職』等の著書の執筆、講演も多数。二男の母。

――森本さんは、これまで延べ3万名超の転職希望者と接点を持ち、2000名超の転職に携わってこられました。そのご経験から教えていただきたいのですが、最近、顕著に現れている企業環境のトレンドはどういったものでしょうか？

よく言われることですが、これまで日本企業の雇用を支えてきた終身雇用や年功序列、社員を守る企業内組合などの制度が、大きく崩れつつあります。リスキリングや早期退職制度、転職の活発化はその現れでしょう。

そうなると、いくら大企業に勤めていたとしても、これまでのようにキャリアを会社に任せっ放しにして、アサインされるがままに部署異動やジョブローテーションに身を任せているのは、正直、リスクが高いといえます。コツコツ真面目にやっていれば年齢と共にポストも給料も上がる、という前提そのものが崩れてきていますから。また、「川下りキャリア」という考え方もありますが、川の流れに任せていると急流や滝など目の前の状況に順応できる力がなければ転覆してしまいます。意思を持ってキャリアに向き合うことが大事です。

――大企業からベンチャー／スタートアップへの転職者は、実際に増えているのでしょうか？

増えていますね。大企業の中でも感度の高い2割くらいの人たちは、自分の上司や先輩を見て「ああはなりたくない」と、早々に動き出している印象です。大企業では40歳くらいまでは同期と横並びで、飛び級もなく上司を超えることはありませんから、自分が将来どうなるかは、自ずと見えてしまいます。

すると、30歳前後で転職に動き出す人たちが「第一波」として出現します。危機感を持っている人にとっては、動きやすい年齢ですよね。まだ独身で、給料もそこまで上がっていない、失うものが少ない時期です。

でも実は、皆さんが一番悩むのは、逆にパートナーや子どもなど、守る家族ができた後のタイミング。30代中盤から40歳手前で、「第二波」がやってくるんです。その時期は、周囲の同僚がベンチャー転職でいきなり部長に採用されたとか、スピードと裁量を持って仕事ができているとか、そういった周囲が刺激になって「自分はこのままでいいのか？」と悩む。年齢的にもこの時期を逃すと動けなくなる、という焦りもあるでしょうね。

――守るべきものができて、動きにくくなると逆に動きたくなる、というのは面白い心理ですね。

そうですよね。そして、この際にもっとも手ごわいのが、俗にいう「嫁ブロック」です。でも傍から見ていると、ブロックされる人はたいていの場合、進め方に問題があります。「心配をかけたくない」と相談もせず、自分だけで密かに動いて、決意がある程度固まってからはじめてパートナーに話す。これだと、聞かされた方は心配しますよね。プロセスを知らないが故にどのくらい真剣に考えて、どういうリスクを承知の上で動こうとしているのかが分からないからです。ですので私は、なるべく初期段階から、そもそもどういう背景や動機から転職しようと思っているのか、具体的にどういう選択肢があって、もし転職した場合はどういうリスクがあるのか、そしてどういう判断でこうしようと思っているのかというプロセスをしっかりと共有して、事後報告にならないようにしましょう、とアドバイスしています。

場合によっては転職によって給与が下がるとか、家族の生活にも影響が大きいですから。でも、しっかり本気度を示しながら、そこまで考えた上で相談しているんだ、一緒に考えて欲しい、ということが伝われば、問答無用でブロック、ということにはならないと思いますよ。

——森本さんは、スタートアップへの転職の傾向をどのように捉えていますか？

どちらかといえばスペシャリストとして転職したいという人は少なくて、マネジメント志向の方が動く印象です。大企業ではある程度年齢を重ねても相変わらず決裁権限が少なくて、仮に昇進したとしてもまだまだ中間管理職で権限と裁量範囲は狭く、説得すべき上司もたくさんいて、思い切ったことができないと悩んでいる人は多いでしょう。ベンチャー／スタートアップへ行けば、自身が権限と裁量を持って意思決定する側になれる。むしろしなければいけませんからね。

もちろん人によってはより現場に近く、仲間たちとワイガヤでイチから立ち上げたい、という志向の方もいます。ベンチャー／スタートアップなら大企業よりも会社の成長と自身の成長の距離感が近いので、そういった満足感、やりがいを求めて自分の力を試したい、と決断する人も少なくありません。もちろん、意思決定のスピード感と柔軟性、このあたりも魅力に映るようです。

もう一つ、ベンチャー／スタートアップへの転職理由で多いのが、「経営者のそばで仕事ができる」ことです。経営者の意思決定のダイナミズムを間近で体験するのは、大企業ではなかなかできない体験です。

――ベンチャー／スタートアップ転職のリスクは、どのように伝えていますか？

ベンチャー／スタートアップへの転職における最大のリスクはやはり、資本力がないことです。5年後に会社自体が潰れてなくなっているかもしれませんし、来月の給料がもしかしたら支払われない可能性もありますよ、と。少なからずファイナンス面でヒリヒリする場面はあるので、そういった覚悟は必要です、とお話しします。

さらに、人数が少ないので何でも一人でやらなければならなくなるし、若手時代にやっていたようなレベル感の業務をもう一度やることになるかもしれません。また、必ずしも優秀なメンバーや、モチベーションが高い人たちばかりの環境じゃない可能性があることも、要注意です。なんだかんだいっても、大企業はスペックが高い人たちの集まりですから、次の職場にそれと同じレベルを期待すると、戸惑うかもしれません。

また、ブランド力ももちろんありませんので、会社の看板で仕事をするようなことはできません。アポイントを取るにも、時間とエネルギーがかかる。その現実にギャップを感じる方は意外と少なくありません。

もう一つ、最大のリスクが転職する際に惹かれた経営トップや事業自体が、ある日突然、変わってしまう可能性があるということです。ベンチャー／スタートアップでは、ピボットして事業変更することは割と頻繁にあります。場合によっては、社長が事業を売却してオーナーが変わることもある。大企業に在籍していたときは予想もしなかったような環境変化が起きる可能性があるのが、ベンチャー／スタートアップです。

――こうしたギャップを和らげるために、いきなり転職ではなく、副業を経てから移る人が増えるのではないかと思うのですが、現状はいかがですか？

もちろん理想は、副業やパラレルワークで事前にテスト的に体験することだと私も思います。いくら事前情報でベンチャー／スタートアップのシビアな部分を知って、覚悟を持って転職しても、体験に勝るものはありません。だからこそ、自分がどこまで環境適応性があるのか、副業でベンチャー／スタートアップを体験しておくことは大賛成です。

しかし、それはなかなか難しい現実もあります。副業するためには、いま在籍中の会社に許可をもらわないといけません。会社としても表向きは副業を許可はしているものの、実際に副業を申請するとどうなるか。もしかしたら転職を狙っているのか？　と詮索されたり、いまの業務に余裕があるの？　それならもっと仕事量増やせるよね？　など、煩わしいことになるかもしれない。だったらいまの会社には内緒でやるしかないか、と考える人も出てきます。たしかにリモートワークが普及したいまなら隠れて副業することも不可能ではありませんが、やっぱりそれは決して勧められるやり方ではありません。

ではどうしたらいいか、というと、自身のプライベートな時間を使って、ボランティア的に友人の会社を手伝ってみるとか、チャットツールなどでプロジェクトに参加して現場のやり取りを見学させてもらうとか、やりようがないわけではありません。もちろん、正規のルートで会社に副業を許可してもらって体験できればそれがベストですし、チャンスがあればぜひトライしてみてもらいたいです。

しかしその一方で、副業することで本業が疎かになったり、負荷が高くなり過ぎてメンタルのバランスを崩してしまう人もいるので、マルチタスクが苦手な人や、合理的に気持ちの切り替えができない人は注意したほうがいいですね。

――ベンチャー／スタートアップへの転職では、どのような人が求められるのでしょうか？

これまで移る人を主眼にして話してきましたが、これは受け入れる側のベンチャー／スタートアップ企業の段階によって異なります。企業の成長ステージごとに求められる人材像、採用に際してアピールすべきポイントをまとめたのが、この表（次頁参照）です。

――求められる実績やスキルなどで、変化やトレンドなどはあるのでしょうか？

以前と比べて明らかに変わった点は、「20年間、大手企業の特定の部署一筋で勤め上げてきました」といった〝I字型キャリア〟の候補者の書類が通らなくなったことですね。これは、かつてのようにある特定の業界での知識や経験に長けていること以上に、変化に対応できる人が求められるようになったと考えられます。そのため、子会社やグループ会社に出向経験があるとか、国内や海外の僻地で営業所や工場の立ち上げ経験があるとか、思わぬ環境に異動して苦労した経験がある人のほうが、評価されやすいのです。以前は転職経験が多いこともマイナス評価でしたが、しっかり実績を残し、しかるべき理由があって移ったのであれば問題ありません。

最近はどのベンチャー／スタートアップ企業も、安定した環境で長く務めてきた人よりも、環境が変わる中でタフでサバイバルな経験をした、言ってみれば修羅場を

求められる人材像・訴求POINT

→領域分化 → 大ユニット化、フラット化

多角期	成熟期
【競合との差別化事業間シナジー】	【新しいビジネスモデルの模索】
■創業以来の商品、サービスに加え、更なる安定成長をめざして新たな顧客、新たな市場を開発・開拓、新事業を展開 ■会社内の事業同士が影響しあって更なる成長を促進する ■市場のニーズを的確に把握し、競合との差別化を図る	■これまで勝負してきた市場の成熟を睨み、組織内のシステムを変革することで更なる成長を目指す ■旧来のビジネスモデルを見直し顧客ニーズに見合った新たなビジネスモデルを模索・コア事業を注視し、間接・コスト部門削減などスリム化を推進
【アイデンティティーの共有】	【過去慣性からの脱却】
■創業者を中心に、創業メンバー間で創業者の夢やビジョンを共有できる「同志」が集まる個人商店的な組織 ■既存のシステムや特定の競合に対する強力な反骨心が組織の結束を強固に	■新たなシステムの構築と旧来のやり方との間で摩擦が発生 ■拡大とともに細分化した組織間でセクショナリズムに陥り、官僚主義の弊害が生じる ■事業環境の変化により、複雑な状況に対応できる人材が要求され、これに対応しない創業時のメンバーの脱落が起こりうる
■事業の多角化に伴い、やる気先行型に加えて企画・分析に優れた人材 ■マーケティング分野に明るい人材 ■戦略性のある現場マネージメント	■変革に向けた新たな取り組みに対応できる構想力、想像力、分析力に優れたミドルクラスの人材 ■戦略的思考と知的タフネスさが重要ポイント ■経営企画や経理・財務・人事のプロフェッショナル
■事業の具体的広がり ■要望する仕事内容とその魅力 ■社会的影響力、意義	■変革に向けた新たな組織 ■仕事内容とその魅力 ■変革に向けた参画感

成長ステージごとの課題と

組織体分化の方向	役割分業 ➡ 水平分化 ➡ 階層・機能分化 ➡	
成長ステージ	草創期	拡大期
	【有効なビジネスの確立】	【標準化・システム化、スピード】
外部環境適応の側面の課題	■創業者自身が「事業の芽」を見つけ、資源をかき集め、事業を軌道に乗せるために努力を重ねる ■商品やサービスが市場に受け入れられるかどうかを探り、試行錯誤を繰り返す ■経営者個人の力で顧客を獲得	■商品やサービスの市場への浸透を受け、市場ニーズ拡大に沿った、事後の拡大を推進 ■拡大に対応できるよう、商品・サービスの標準化を行い、クオリティの低下を防ぐ必要が生じる
	【夢・ビジョンの共有】	【階層・機能分担】
内部組織統合の課題と状況	■創業者を中心に、創業メンバー間で創業者の夢やビジョンを共有できる「同志」が集まる個人商店的な組織 ■既存のシステムや特定の競合に対する強力な反骨心が組織の結束を強固に	■事業拡大に伴い社員増、組織の分業化が進み、それぞれの役割分担、専門化が進行 ■増大する社員のマネジメントが困難になり、管理者の力量が問われるようになる ■組織の拡大により理念・ビジョンの共有が困難に
「求められる人材像」 それぞれのステージでどのような人材ニーズが顕著になるか	■即戦力となりうる同志・参謀 ■夢やビジョンに対する共感度が高く、トップ自身が信頼感を持てる人材 ■会社の骨格作りに必要な業務ができる人（幅広い対応力が必要）	■やる気と意欲が高く、未知なる職務をも独学でこなしていける人材 ■推進力と人望のあるプレイングマネージャー ■経理、総務、人事など管理部門業務に明るい実務型人材
「人材への訴求内容」 リクルーティング市場に対し、自社のどのような側面を訴求すればよいのか	■経営トップの夢やビジョン ■トップ自身の人間的魅力 ■事業の可能性 ■スタートアップへの効力感 ■キャピタルゲイン	■夢やビジョン ■これまでの成長の理由 ■与えられる裁量の大きさ ■拡大による個人の成長感 ■社会的影響力、意義

くぐり抜けた経験をした人にオファーが集中しているようです。

あとは、強みを複数持っている人。最近流行りの、スキルの掛け算ですね。現在では「越境転職」と呼ばれる、業種を変えての転職が、実に7割を超えています。言い換えれば、業界特有の知識が意味をなさず、問われなくなってきている。次々とブレークスルーが起こり、新たな価値やサービスといったイノベーションが生まれる不確実な時代では、過去の特定領域だけで通用する知識や経験よりも、変化への対応力の方が評価されるのです。そのため、テクニカルスキルよりもコミュニケーション能力やコンセプチュアルスキル、セルフマネジメント力、課題解決力といった、環境が変わっても価値が変わらないポータブルスキルが重視される傾向にあります。

――先ほど、「経営者のそばで仕事ができる」ことがベンチャー／スタートアップの醍醐味、というお話がありましたが、注意すべきことはありますか？

経営トップ・社長との関係性や相性は重要です。まずは本当に心から考え方や価値観に共感ができるか。一緒に苦労を乗り越えられそうだと感じられるか。そしてここからが意外と見落としがちなのですが、「互いの強みを補完する関係にあるか？」という点です。

多くの方は、自分と似たバックグラウンドやキャラクターの経営トップに惹かれて入社を決断する傾向があるのですが、実はそれって危険なこともあるんです。というのも、優秀なナンバー2が会社を去る原因は、トップからのジェラシーだったりするんです。例えば営業が得意な社長の下にもっと営業力が高い人が入ったり、企画力が優れているトップの下にもっとユニークなアイデアを出せる人が入ったりすると、同じキャラ同士で強みがぶつかってしまい、下の人の方に社内の人気や注目が集まることにトップがやきもちを焼いて、そばに居づらくなってしまうというケースが、実は多いのです。なのでキャラクターや性格が似てる、波長が合いすぎるというのは、最初こそいいですが中長期的には実は危なかったりします。より望ましいのは、本質的な価値観は共感できるが、キャラクターや強みは異なり、相互に補完し合える関係性です。そのためには転職を決める前に一緒にご飯を食べに行ったり、サウナやゴルフ、登山や釣りといったじっくり向き合える場で交流して、いろんな角度で互いの価値観・人生観を共有し、本質的な相性を確認することをオススメします。

――ベンチャー／スタートアップへの転職を考える上での準備や心構えについて、アドバイスをお願いします。

精神論になってしまいますが、やはり覚悟を決めることですね。繰り返しになりますが、いまの会社よりも圧倒的に少ないリソースの中で仕事をすることになります。ヒト・モノ・カネといった経営アセットがないない尽くしの中で、想定外の修羅場に遭遇したり、なんでも一人でやり抜くことになるかもしれないリスクを把握、承知した上で、それでも動きたいと思う〝志〟を持っているかです。

最後に、会社の辞め方も非常に重要です。ちゃんと退職の挨拶をして回るのはもちろん、仕事の引継ぎもしっかり行い、〝立つ鳥跡を濁さず〟で去りましょう。そうすることで新たな環境でも古巣に営業したり、協力してもらうことができます。

本人が意識する以上に周囲はあなたに「元大企業出身の人」、という期待をしていますから、古巣との関係性を良好に保っておくことは非常に大切なことです。

――貴重なお話をありがとうございました！

【特別対談　米倉誠一郎氏】

あなたの人生に、チョイスを。
キャリア形成＝楽しく生きられる人生設計

プロフィール
一橋大学　名誉教授
デジタルハリウッド大学大学院　特命教授
CRソーシャル・イノベーション・スクール学長
一橋大学社会学部および経済学部卒業。同大学大学院社会学研究科修士課程修了。
ハーバード大学 Ph.D.（歴史学）。著書に『イノベーターたちの日本史』（東洋経済新報社）など。

――本書は大企業からベンチャー／スタートアップへの転職がテーマなのですが、

米倉さんは日本を取り巻く現況や、その中でのキャリア形成についてどのようにお考えですか？

日本では長らく、自分のキャリアを自分で考えなくても良かった時代が続きました。会社や人事部が考えてくれるもので会社がレールを敷いてくれたからです。自分で考えなくても済みました。

しかし近年、新入社員の約3割が1年以内に会社を辞めると言われ、転職が当たり前の時代になりました。テクノロジーが大きく変化し、ＡＩが登場して、産業構造自体がさらに大きく変わっていきます。

そんな時代にあっては、コアスキルを持ち、より強く自分が望まれる場所へと移り、自らの才能を生かせるほうが良いはずです。そのため1つの会社に長く留まるより、いろいろな会社や環境で自分の可能性を試してみたいと、多くの人が考えるのは当然です。また、そうした状況は企業側にも人材を引き留めるには何をしなければならないのかという緊張感を生みます。

こうした考え方を前提としたとき、「豊かさ」とは、いったい何なのでしょう。

僕は、選択肢、すなわちチョイスが多いことが、豊かな社会だと考えます。百万円ポケットにあってもフレンチしか食べられないのは豊かとはいえない。お好み焼きもラーメンもイタリアンも食べれるのが豊かさ。個々の人生・キャリアにおいても、選択肢やチョイスが多いほうが、豊かな人生だと言えるんじゃないでしょうか。

――なるほど。選択できる、チョイスできる人が豊かな人生やキャリアを送れるということですね。

そう思います。僕は普段、学生に接する機会が多いのですが、18歳や22歳で一生を捧げるような仕事を決めるのは、そもそも無理があります。そこで、「どこでもいいから、まずは働きなさい」と。中でも、特にベンチャーなど小さな企業で働くことを勧めるんです。

なぜかというと、小さな企業では「多能工職人」にならないといけないからです。コピー取りに始まり、人が足りなければ営業回りも、プログラミングもしなければならない。1人で何でもこなす必要がある。そんな環境下で2～3年ほど頑張れば、いったい自分が何に向いていて、本当は何がしたかったのか、自分の本来のチョイスが徐々に分かってきます。

もちろん、大企業に就職すれば研修制度が充実していて、ベンチャーよりも標準化された知識は身につくかもしれない。優秀な人が周囲にいて、学ぶことも多いでしょう。その反面、環境自体が標準化を強く望む場所なので、そこで本来の自分を生かすことができるか？ といえば、それって結構難しいんですよ。結局、その会社独自のスキルだけが身につくことになってしまう。よくある冗談で、ベンチャーに転職希望するおじさんに面接官が「あなたは何ができますか？」と問うと、そのおじさんは「私は部長ができます」と答えたと（笑）。でもこれって笑いごとじゃなくて、自分のスキルが大企業の部長だ、みたいな人って少なくないでしょう。自分の能力と会社の肩書がごちゃ混ぜになってしまっている。そうじゃなくて、違う環境で、自分の力で、いったい何ができるのか？ を問われる時代になったのです。

そうなると、よく言われることですが、持ち運び可能なポータブルスキルを身につける必要がある。どんな環境でも通用するような、例えば人を巻き込む力、課題解決能力、論理的思考力。せっかく大企業にいるのであれば、部長職の上位概念を自分で定義してスキルにしないといけない。大勢を巻き込んで、あらゆるステークホルダーを納得させる技術を身につけるとか、大人数が関わるビッグプロジェクトを円滑に進行するプロジェクトマネジメント能力とか。こういった経験は大企業じゃないとなかなか経験できませんよね。その中でとにかく常に、「自分ならではの付加価値っていったい何なのか」「どうやれば付加価値を加えられるか」を意識して日々、仕事すること。そうすれば、その付加価値の積み重ねがやがて、持ち運べるポータブルスキルになります。

そう考えると、大企業からベンチャー／スタートアップへ転職しようが、逆にベンチャー／スタートアップから大企業に転職しようが、どこへいっても使えるスキルが身に付きます。環境が変わって初めは使えなくても、どうやったら使えるのかを考えるクセがついているので、すぐに応用できるはずです。

――米倉さんが若い世代に、ベンチャー／スタートアップで働くことを勧めるよう

になったきっかけは何なんでしょうか？

僕は1996年頃、まさに最も活気のあった頃のシリコンバレーやスタンフォード大学を、現地で実体験しました。そこで感じたことは、アメリカのスタートアップに対する考え方は突拍子もないが、びっくりするほど合理的だということでした。

たとえば、あるベンチャーキャピタリスト曰く、「同じようなビジネスアイデアを持っている2人の創業者がいたら、一度、倒産などの大きな失敗を経験しているほうに投資をする」と。なぜなら、もし同じような起業アイデアなのであれば、失敗を経験し地獄を見たヤツのほうが、落とし穴をよく分かっているからだと。

僕はそれを聞いて、後頭部をぶん殴られた気分でした。これが日本なら真逆です。一度でも倒産などの大失敗したら、その経営者はもう終わりです。リスクの高い人間だと判断されて、再チャレンジは許されない。

また、ローリスク・ハイリターンを実現する年金改革＝豊富なベンチャーキャピタルや上場し易いナスダック市場の整備、プロ経営者市場といったエコシステムが実によく整えられていて、若者が存分にチャレンジする仕組みが出来上がっていた。

その環境を見て、将来的なチョイス、選択肢を増やす意味で、若いうちにベンチャースピリットは一度経験しておくべきだと思うようになりました。本質的に、自分たちの食い扶持を自分たちで稼ぐのがベンチャー。大企業とはまったく違う価値観を知ることができます。

繰り返しますが、大企業からベンチャーへの転職だけでなく、逆にベンチャーから大企業や中小企業、官公庁への転職でも良いわけです。回転ドアのようにぐるぐる回って、お互いの良い部分を吸収し、学び合う社会が理想ですよね。

——そうやってチョイスを増やす中で、1人ひとりが持っている強みが、さらに強化されていくわけですね。

はい。皆、持っている強みというのは必ずあって、それを自分で探す必要があるわけですが、なかなか自分では見出せない。だから1つの環境に固執せずに他流試合をして、自分を客観視し、相対化する中で自分の強みを見つけていくわけです。その意味でも、やはり今いる環境から飛び出すのは、基本的にいいことなんですよね。

その中で「自分はやっぱりこれが好きだな」と思ったら、思い切ってキャリアチェンジをしてみる。あるいは、大学院へ学びに行ったっていいわけです。

――社会人になってからも社外へ出て学ぶことは大事だと思いますが、日本では実践している人は少ないですよね。

まだ少ないですね。日本のビジネスパーソンは、もっと自己投資をしたり、他流試合に出たりする必要性を感じて欲しい。しかし日本の大企業で働いていると、社内の情報を取り入れるだけで自身のスキルが充分満たされている気になってしまうものですが、社外の情報や経験のほうが、その何十倍も広くて深く、そして実はそのほうがずっとずっと、この先のキャリアにおいて役に立つのです。それを理解するためにはやはり外へ出る、学び直しすることが大事です。これまで通り「キャリアは会社が敷いてくれる」という意識のままだと、難しいでしょう。

――特に最近は、ワークライフバランス重視で、時間外に学ぶどころか働くことな

んてもってのほか、という風潮ですからね。

もちろん、「ライフ&ワークバランス」は大事です。でも、僕はそれを1日単位の中で考えるのはやめたほうがいい、といつも話してます。本来は一生単位で考えるべきだと思うんですよ。例えば、若くて体力のあるうちに多少無茶でもしゃかりきになって勉強とか仕事に打ち込んで、年齢と共に体力が落ちたり子どもができたりしたら多少ペースを緩めるとか。それを1日単位でこの時間しか仕事しないとかバランスをとってたら、本当の実力は身につかない。だから、「ライフ&ワークバランスは一生単位で考えろ」、と伝えているんです。

若いときにハードワークを経験すれば、「あんなに苦しいことができたんだから、自分にはできないことはない」と生涯を支えるほどの自信がつくし、一緒に困難を乗り切った仲間という財産もできます。

時代錯誤と言われるかもしれませんが、チョイスとして超ハードワークな世界も存在することは知っておいてほしい。やるべき時にやらないと、あとで機会損失に気づいても、もう手遅れですから。最近はハードワーク（ブラック）と働き易さ（ホワイト）の両方を「働き甲斐」として提供する企業をプラチナ企業というそうですね。

——確かに、若いうちのハードワークも、いくつかあるチョイスの1つであると知ってほしいですね。

少なくとも、何かを成し遂げたい人は、その覚悟がないと、ことは達成できないですよ。もちろん全員がそれを目指す必要はなくて、フォロワーを目指す人がいてもいい。これまでの社会では、フォロワーではダメ、全員がリーダーでなければならないみたいな風潮がありました。でもそれは幻想にすぎないし、リーダーを目指す人もフォロワーを目指す人も、それぞれが生き方のチョイスなのです。

ただ、本気で働く、本気でやる人間がいないと、日本全員が貧乏になってしまう。さらに、リーダーたる者にはノブレス・オブリージュ（noblesse oblige：高貴なるものの義務）が必要です。この考え方もまた、チョイスの中の1つとして存在していると知っておいてほしいですね。

――ベンチャーへの転職を決意する人を私は応援したいし、チャレンジしてほしいのですが、逆に、大企業へ残ったほうがいい人はいますか？

一生に一回しかない人生ですから、皆やりたいことをやってほしいのです。大企業で大きな仕事をしたい人は当然残ったほうがいい。また、「キャリアをそもそも考えていない」「自分には関係がない」と思う人は残ったほうがいいです。つまり、大企業の看板の下でローリスク・ミディアムリターンを得る生き方もチョイスです。一方、リーダーは、そうした考え方の人たちをいかに活躍させるかが大事で、それはマネジメント側の仕事です。そもそも世の中の全員がハイリスク・ハイリターン志向だったら、組織自体が成り立ちませんからね。

でも、もしかしたら、「私にはキャリアは関係がない」という感覚もまた、これまで培われてしまった日本特有の「自己肯定感の低さ」故かもしれません。

――「自己肯定感の低さ」とは、どういうことでしょうか？

国立青少年教育振興機構が世界7カ国で、12歳から29歳までの若者にアンケートした調査（２０１６年）があるのですが、「自分自身に満足していますか？」という質問で自己肯定感について調べたところ、アメリカはやっぱりすごくて実に86％の人が「そう思う」「どちらかというとそう思う」と答えました。韓国やヨーロッパでも概ね、70％前後の人が高い自己肯定感を示しました。ところが日本だけ、たったの45％。これには驚かされました。日本の若者の半分以上が、「自分には社会的な価値がない」「社会にポジティブな影響を与えていない」と感じているのです。

これをどう捉えたらいいのか。もちろん「アメリカすごい」とかの話ではありません。僕はこれまで多くのアメリカにおける教育現場も見てきましたが、正直大丈夫かよ、と思う現場だっていっぱいありました。でも、彼ら、彼女らは、つねにI'm OKなんです。皆、自己肯定感が高い。

じゃあ、なぜ日本人がI'm OKじゃないのか。それは小さい頃から、少ない選択肢しか与えられずに、未来を切り捨ててしまうからだと思うのです。少ないチョイスの勉強ができなくても、掃除の上手い子、歌が得意な子、スポーツができる、花や虫に詳しいとか、あるいは誰とでもすぐに仲良くなれるとか、それって全部すごいことなんです。そしてそれらの強みに特化して、どれか一つを徹底して伸ばしていくと、その子の学力や知力が、全体的に上がっていくという研究結果もあるんです。これが実はすごく重要なことなんですが、日本では知力は好きなものをきわめた結果ついてくるという視点が欠けているんですね。

自己肯定感を高める重要性は、教育だけでなく企業経営においても同じだと思います。均一的な価値観の中でこぼれ落ちた人間をただ放置するのではなく、別の機会が与えられるようにしなければならない。昔と違って働く人手は増えず、確実に減り続けるわけですからね。人材はどこか外にあるのではなく、今いる人が人材で戦力なのです。

そしてその視点は、個人のキャリア形成でも同じです。社会や会社に期待するのではなく、自分のキャリア形成=本当に自分が楽しく生きられる人生設計は、自分の手で1人ひとりがしないといけない時代に入った、と言えるでしょうね。

――おそらく、キャリア形成で会社から何かをしてもらえる時代はもう来ないです

よね。

有名なケネディの言葉を借りれば、「会社があなたたちに何をしてくれるのかを問うのではなく、あなたたちが会社に対して何をできるのかを問うてほしい」。自身の強みを伸ばしてチョイスを増やしていく視点と、そうやって培ったポータブルスキルを、どうやって所属企業に生かせるか。その両側からの視点が、これからの時代のキャリア形成で重要になることは間違いないでしょう。

――本日は、貴重なお話をありがとうございました！

【特別対談　伊藤羊一氏】
モヤモヤしたなら諦めて、一歩踏み出す勇気を！全員、起業家時代のマインドとは。

プロフィール

武蔵野大学 アントレプレナーシップ学部学部長

Musashino Valley 代表　LINEヤフーアカデミア学長　Voicy パーソナリティ

2021年、武蔵野大学アントレプレナーシップ学部（武蔵野EMC）を開設。学部長に就任。2023年6月にスタートアップスタジオ「Musashino Valley」をオープン。また、LINEヤフーアカデミア学長として次世代リーダーを育成。代表作『1分で話せ』（SBクリエイティブ）は60万部の大ベストセラー。「次のステップ」に踏み出そうとするすべての人を支援し、アントレプレナーシップを抱き世界をより良いものにするために活動する次世代リーダーを育成するスペシャリスト。

――日頃、多くの学生や社会人にアントレプレナーシップのメッセージを贈られているいる伊藤さんですが、いまの時代に求められている大事な考え方とは、どういうものでしょうか？

私の活動の中でもっとも意識を占めていることは、「アントレプレナーシップ（起業家精神）を持った人材を増やしていくこと」です。それと同時に、大企業の方たち向け講演会を、週に4回は行っています。その中でメインメッセージとして、次のことをお伝えしています。

「デジタルとテクノロジーの進化スピードはますます加速し、今後はすべてのモノがインターネットとつながり、それによって蓄積されたあらゆるデータを飲み込むことで、AIはさらに賢くなります。ここで重要なのはテクノロジーではなく、人の進化です。AIにはできなくて、人にのみできることの1つは、自分で問いを立てること。そして、人同士が対話して、夢を語りあうことです。自分たちが解決したい問題は、いったい何なのだろう。あるいは、本当にやりたいことや叶えたいことは何なのだろう。そうした問いを立てて語り合い、叶えたいと決めた夢に向かって仕事を創っていく。これからの社会は、そんな世界に移っていきますよ」。そんなことを伝えています。

――なるほど。でもその一方、日本の競争力が低下していく中、夢を語る余裕はなく、AIの台頭に漠然とした危機感を抱いている人が多いように感じます。

そうですよね。「日本ヤバい」の文脈では、これからさらに人口が減り、事実として2023年の名目GDPはドイツに抜かれました。確かに状況はヤバいんだけど、同時にチャンスでもあると私は考えます。なぜなら、まだまだ未開拓の余地があり、ポテンシャルが残っているからです。

アメリカの名目GDPはずっと右肩上がりなのに、日本はそれまでの右肩上がりが1995年に止まってそれからずっと真っ平らなままです。よく「日本が停滞したのはバブル崩壊からだ」、と言われますが、そうじゃないんですよ。1995年、まさにWindow95の発売された年が分岐点なんです。

また、これもよく言われる指摘で、「なぜ日本からGAFAMが生まれなかったのか」。シンプルに言えば、その理由は「個人の妄想を形にできたかどうか」の違いです。これこそがアントレプレナーシップ、起業家精神の有無の差なのです。これを持つ人を一人でも増やすことが、日本再生にとって大切なのです。

――かつての日本には、松下幸之助氏や本田宗一郎氏など、偉大な起業家がたくさんいました。なぜ１９９５年の分岐点前後の日本では、起業家精神が失われたのでしょうか。

要因の1つは、社会構造の変革に乗り遅れたことでしょう。それまでの日本は、ヒエラルキー型の縦型社会で、ものづくりや大量生産、改善を得意としてきました。だから、時代が変わってからも長い間、ソフトウェアよりもハードウェアづくりを優先してしまいました。

しかし、その後社会はどうなったのか。ご存知の通り、いまやソフトウェアとサービスが主役です。縦型社会からフラットな横型社会へと移行し、ものづくりからサービスづくりに変化しましたよね。大量生産ではなく意味や質づくりへ、改善ではなく創造と変革へと変化した。日本はその変化に対応できなかったのです。

こうしたフラットな横型社会は正解がないので、新たな価値を創造するために、本質的な問いを立てて進んでいく必要があります。トップダウン式で上意下達の改善ではなく、水平方向の対話によって創造とイノベーションを生み出すことが重要になる。だからこそ、近年マネージャーの仕事は教育や指導することではなく、場づくりやファシリテーターとしての能力が求められるようになっているのです。

こうした変化をピンチと受け取るか、チャンスと見なせるか。いま盛んに叫ばれている多様性、ダイバーシティの推進は、企業にとって単なる体外的なイメージづくりやポーズでは済まされず、企業価値の源を創り出せるかどうかの死活問題なのです。

――そうした社会構造の変化に伴って、個人レベルでは何が大事になるのでしょうか。

個人レベルでは、自分の「想い」こそが大事になっていくでしょう。

私の例で言えば、26歳でメンタルをやられた最悪の時期から、長い時間をかけていまはプラスに転じることができた。この間30年以上の人生をかけて「人は変われるし、それを証明する場所をつくりたい」との自分の想いが生まれました。それが武蔵野大学アントレプレナーシップ学部の創設につながりました。

私たちが定義するアントレプレナーシップ（起業家精神）とは、「失敗を恐れずに踏み出し、新たな価値を創造していくこと」です。これは別に起業家でなくても、大企業に勤めている人も、役所の人も、大学教授にも必要な精神です。

あなたの志は、夢は、妄想は何でしょうか？ あなたは何がしたいですか？ その想いは何ですか？ そんな問いを、ぜひ自らに立ててみてほしい。そんな夢なんてない、と言う人は、ないのではなく、環境要因によって消されているだけかもしれません。

――そうですよね。でも、それって学生だからでしょ、30歳を過ぎて家庭もあるのに、夢に向かって一歩踏み出すことなんてできないですよ、と言う人が多いんじゃないでしょうか。

そうなんです。でも、決してそうじゃないんですよ。私が大学を出て銀行に入り、壁にぶつかってグロービス経営大学院に通い始めたのは40歳ごろ。すでに結婚して、妻も子どももいました。私の場合、そこでロジカルシンキングを学んで、自分に欠けていることに気が付いた。その頃に東日本大震災が起きたことも重なって、自分の生き方がちょっとずつ見え始めました。40歳を過ぎてようやく働くとは何か、が分かり始めて、「自分の本当の人生を生きているな」とか「新しい価値を創造できているな」と思えるようになったのは、50歳を過ぎてからです。こういう話をすると「伊藤さんは東大だし、私らとは違いますよ」とか言われてしまうんですが、勉強ができることと、いま感じていることは違うんですよ。私は決して人よりも優れていたわけじゃなくて、むしろポンコツだとずっと感じていました。だからこんなに時間がかかった。でも、気づいて一歩を踏み出したことで少しずつ、やりたいことが見つかり、やれることが増えていった。いま年間で300回以上行っている講演だって、始めたのはたかだか10年前ですから。遅すぎることはないんですよ。

――年齢は関係ない、遅すぎることはない。非常に勇気をもらえる言葉ですね。

ただし、すべての人がそうなれるかというと、そうではないですよね。必要なのは、内なる想い。自分の中にたぎるような何かがないと、一歩を踏み出すことはできませんよね。

――そうですよね。自分の内なる想いに気付かない、見つけられない人が多いんじゃないかと思います。どうすればそれに気付けるのでしょうか。

自分の中にある想いを育むには、「振り返り」と「対話」が重要です。想いというのは、これまで過ごした自分の人生と、経験の振り返りから気づきを得て、人との対話で育まれます。仕事をタスク処理的に流すんじゃなくて、あの時もっとああすればもっと上手くやれたかも、とかいちいち振り返るクセをつける。そして、その中で生まれたもっとこんなことがやりたい、という想いを、人に語るクセをつける。人に話せば思いもよらない反応が返ってきたりして、共感するポイントや、自分ならではの価値観も見つけることができます。人との対話によって自分の想いを言語化して、アウトプットすると、相手の反応がインプットとして返ってきます。これを循環させることで、自分の内なる想いが強化されていきます。

――確かに、そういうが想いが弱い人は、インプットばかりでアウトプットしないイメージがありますね。

そうですよね。想いの最初のきっかけは何でもいいんです。「このままではいけない」「同期のあいつに先を越されたから見返したい」「子どもの笑顔がみたい」とか、なんでもいい。別に解像度が高くなくても、「なんだかわからないけど俺はやってやるぞ」とか「みんなを幸せにしてやる」くらいでもいい。そんな具体的な計画なんて簡単には出てきません。よくわからないけどウォー！と燃えるような熱量で、直感と本能に従うことが大切です。小難しい理屈は、後付けでいいんですよ。

――そうですよね。でも大企業に勤めている人ほど、自分の直感に自信が持てないとか、こんな単純な想いで動いてしまっていいのだろうか、と怖くなるんでしょうね。

自分の直感に自信を持つなんて、常人ではムリですよね。だから、そんなときこそ、仲間やパートナーが必要なんです。嫁ブロックが、とか旦那ブロックが、なんて言ってちゃダメなんですよ。むしろ、ブロックしてくれる人はあなたのことを思ってくれているわけですから、まずはその人と向き合って、味方してもらえるように1つずつ、課題をクリアしていかないといけない。身近にいてくれる人を味方にできないようであれば、この先何をやっても上手くいきません。だってその人は、あなたの奥にある想いが分かっているからこそ「もっとよく考えろ」と言ってくれているんです。ただの逃げなんじゃないの？　とか、単なる思い付きなんじゃないの？　とか。

そうしたアウトプットとインプットの循環を経て、それでも安定を望む人は大企業に残るべきだし、ヒリヒリした刺激を味わいたい人はベンチャーに行ってチャレンジすればいい。でも、一度モヤモヤし始めてしまったらもう止まらないし、人生を後悔しないためにも、一歩踏み出すしかないと諦めたほうがいいと私は思います。私自身、もう大企業には戻れません。自分で行き先を決めて、意思決定できる世界を一度味わってしまうと、もう戻れません。

――やっぱりマインドセットの話になるのが、興味深いです。私もこの本を書いていて、最後はそこに行きつきました。自分がどう働きたいのか、どう働くのが幸せなのか。新たな環境に行ってみないと分からないから不安でしょうし、やっぱり一歩を踏み出すのは勇気が要るのでしょうけど。

そうですよね。すべてを事前にシミュレーションしておくなんて不可能ですからね。新たな環境に行ってから大きなギャップに気が付いたとして、それを乗り越えられるかどうかは結局のところ、マインド、精神的な気合いとかになりますね。もちろん私にとってのロジカルシンキングみたいなスキルセットも重要ですけど、それ以上にマインドセットの部分が大きい気がしますね。

――では、まだモヤモヤしている人が何から始めればいいのか、オススメのアクションはありますか？

なんとなく現状が不安で、でも何から始めたらいいのか分からない人は、先ほどもお話した通り、とにかく人と対話して、アウトプットとインプットを繰り返して自分の頭のエンジンを回し、自分の内なる想いに着火することです。もちろん相手がいることなので、周囲にそういう人がいなければどこかコミュニティに所属してみるとか、もっと気軽にSNSで発信してみるとか。別に転職が目的でなくても夢を語って共感し合ったり、刺激を受け合ったりすることは大事ですよ。サッカー選手がドリブルを練習したり、ギタリストが速弾きを練習するのと同じです。なぜビジネスパーソンだけ、なにも鍛えないことになっているのか不思議ですよね。まぁそうしたヒリヒリすることじゃなくても、スポーツや芸術で感動するとか、素朴な季節の変化でもなんでもいいので、感受性は豊かにしておきたいですね。

繰り返しになりますが、すでにモヤモヤしてる人は、もう諦めて一歩を踏み出したほうがいい。環境のせいで自分のポテンシャルが発揮できないなんてもったいない。その熱い想いがあれば、きっとできますよ、と伝えたいですね。

——本日は貴重なお話を、ありがとうございました！

ベンチャー／スタートアップに転職するメリット

転職すべきかどうか、いよいよあなたの判断も固まってきたのではないでしょうか。ここまで、ベンチャー／スタートアップで必要なマインドセットや、向いている人・向いていない人、一般的な社風・風土についてお伝えしてきました。「スピードこそがベンチャーの武器であり、スピードを生み出すことが正義」である点もお伝えしてきました。

事業そのものや業界の持つポテンシャル、企業の成長可能性や社会的意義の大きさに魅力を感じてベンチャー転職を果たす人は多く、実際に農業改革や流通、あるいは移動手段そのものの仕組みなどの変革を目指す、事業開発系ベンチャーも最近は増えています。夢に向かってチャレンジする姿勢は大切ですが、転職は人生における大きなターニングポイント。いま一度、ベンチャー／スタートアップに転職するメリットとデメリットを把握しておきましょう。

① 環境が人をつくる

上から仕事が降ってくることはなく、基本的には前例のない仕事の連続で、自ら機会を創出して動いていかなければならない環境がベンチャーであると、お伝えしてきました。これは裏を返せば、学びや成長の機会だらけの環境だとも言えます。「環境が人をつくる」の言葉通り、その環境に身を置くことで、必然的に成長していけることでしょう。

かつての就職や転職活動の現場では、頻繁に「勉強させていただきたい」「学ばせていただきたい」との言葉を耳にしました。しかしこの言葉には、「仕事は会社や上司、先輩から教えてもらえるもの」という前提のニュアンスを感じます。

ところがベンチャー／スタートアップには、「手取り足取り教えてくれる人」はいません。極端に言えば、誰もが先行きの分からない道なき道を進んでいるのですから、社長や上司、先輩たちの経験値は、なんの役に立たないかもしれないのです。

では、どうするのか。マーケットや顧客、環境から学んでいくしかないのです。そのため、この環境下では、否が応でもがむしゃらに吸収しようというマインドが育ちますし、その繰り返しを経た後は、圧倒的な課題解決力が身についているでしょう。苦労もひとしおながら、まだ世の中に存在しない新しい価値を提供できることに、無上の喜びややりがいを感じることも多いはずです。

LinkedIn の創業者 リード・ホフマンの言葉「スタートアップの立ち上げは、崖から飛び降り、落下しながら飛行機を組み立てるようなもの」。この困難を乗り越えれば、多くの学びを得られます。他人と同じ安全な道を通っても、「その他大勢」からは抜け出せないのです。

②自分の能力が事業へダイレクトに反映される

あなたがそのベンチャー／スタートアップへの参画を決めたということは、その企業のビジョンに強く共感をしたか、あるいは代表や経営層の考え方に惹かれて決断しているはずです。そのため、求められる動きがまったく理解できないケースは起こらないはずです。また、そのビジョンに沿うものであれば、自らの提案がまったく受け入れられなかったり、通らなかったりすることも少ないでしょう。

しかし同時に、これまでのキャリアで培ってきた職能・スキルがまったく通用しない場面も、ベンチャー／スタートアップでは、頻繁に出くわします。

この難局を乗り越えるには、意識的に柔軟性を高めてマインドセットを変える必要があります。そして、自分自身を常に「バージョンアップ」させていきましょう。

その過程でもっとも求められるのは、自分で課題を見つけてそれを突破する、「課題解決力」です。年齢や経歴は関係ありません。課題解決能力を発揮することで事業がダイレクトに成長していく。その環境の一員となり、自己の能力と事業成長とのつながりが実感できるようになれば、これまで味わったことのない高い満足が得られます。

プラスに上昇するスパイラルを実感できれば、あなたのベンチャー／スタートアップ転職は成功したと言えるでしょう。「誰かと同じ」を卒業して希少な存在になりたい人には、うってつけの環境です。

③これまでのような上司からの干渉がない

どのポジション・職位でジョインするのかにもよりますが、これまでお伝えしてきた通り、自主自立を求められるベンチャーの環境の中では、「上司にお伺いを立てる」シーンは少ないはずです。

人手は常に不足していて、経営層やマネジメント層は隅々まで手が回り切りません。いちいちお伺いを立てていると仕事が回りません。そのため、自ずと裁量が与えられることになります。

これは言い換えれば「放置」とも見えますが、「自ら動けないものは去れ」が暗黙のルールであることは、まず間違いありません。これは大企業になってもベンチャー／スタートアップマインドを大切にする外資企業の多くにも共通する、世界基準のカルチャーです。

上司からの干渉がない分、背負う責任も大きいのですが、意思決定のスピード感はこれまでと比べものにならないですし、自らの提案で会社のルールや仕組みを作れる魅力があります。また逆に、トップや経営層との距離間の近さも、ベンチャーで働く醍醐味の一つです。

④ユニークな制度に垣間見えるカルチャー

ベンチャー／スタートアップには、ユニークな制度があります。若手社員が社長の出張に同行できる制度や、副業を推奨している企業、ペット同伴可能な企業、社内にカウンターバーやフィットネス、ダーツバーやゴルフレンジのある企業、記念日に休めるアニバーサリー休暇制度を設けている企業などなど、個性を前面に押し出して魅力を伝えています。

ほかにも、

- 同性婚・事実婚を含めたパートナーアニバーサリー祝い
- 運動会がある
- オフィスの休憩スペースに卓球台とゲーム機を設置
- サイコロ給をボーナスに上乗せ

・帰省時に使える親孝行支援
・残業代よりも早朝代のほうが給料増額
・子どもの誕生日休暇制度

などなど、ユニークな制度がその企業らしさを見せてくれます。

もちろん、これらの制度や福利厚生で企業を選ぶのはいささか本末転倒なのですが、会社が社員に示す考え方や優先順位、カルチャーを知る手がかりとなります。

ベンチャー／スタートアップに転職するデメリット

それでは次に、ベンチャー転職のデメリットを改めてまとめます。光あれば影あり、下記はすべてメリットの裏返しになっています。

・マルチタスクは常。裁量がキャパを超えて大きい

・慢性的に人手不足。一人あたりの業務の負担が大きい
・指揮命令系統ははっきりとしていない
・スキルアップなどの制度が整っていない場合も
・福利厚生の充実度合いは企業により差がある
・倒産のリスクが大手企業よりも高い

これらのデメリットを認識し、「覚悟の上で」ベンチャー転職を実行すれば、「こんなはずじゃなかった」という後悔をしなくて済みます。

ベンチャー／スタートアップ転職が抱えるリスク

ではベンチャー転職に潜む「リスク」の本質とは何なのか。欠点や短所という「デメリット」と似た部分はありますが、リスクとは「知っていれば避けられる可能性のある危険性」のこと。リスクを押さえておきましょう。

株式会社キープレーヤーズ代表、エンジェル投資家の高野秀敏氏がX（旧Twitter）に、下記のことを投稿していました。どれもうなずけることばかりです。

大手企業からベンチャーへ転職するときの落とし穴

後悔と失敗①：企業ブランドを、自分ブランドと勘違い
後悔と失敗②：経営幹部の仕事内容を勘違い
後悔と失敗③：仕事の守備範囲を勘違い
後悔と失敗④：交際費・経費の桁を勘違い
後悔と失敗⑤：会社で一緒に働く仲間への期待値を勘違い
後悔と失敗⑥：大企業のプレミアム年収を自分の実力と勘違い
後悔と失敗⑦：ストックオプションについて勘違い

現在も『転職ＪＡＰＡＮ』というサイトに掲載されています（https://keyplayers.

jp/tenshoku/startup-tenshoku/）ので、興味があれば読んでみてください。一読の価値があります。

特に、大企業の看板があったからこそ大きな仕事をこなせているのに、それがすべて自分の実力であると勘違いしてしまっている人は、要注意です。いまの環境の中で自身の能力を正しく把握するのは至難の技ですが、ベンチャーへ転職したとたんに相手をしてくれなくなる人や顧客はたくさんいます。

また、大きな組織の中でただ指示に従っていた人、指示だけをしていた人も、要注意。ベンチャーの現場では、自らの力でやり切る実務能力が求められます。

よいベンチャー／スタートアップの見極め方

未完成であるが故に不自由を感じる場面は多く、納得がいかないこともしばしば。

理不尽を感じやすい環境です。制度が整備され安定した大企業を経験したあとにベンチャーに身を置くと、その落差や変化はとても大きいと覚悟しましょう。

一方で、キラキラしたおしゃれなオフィスや、若いメンバーが私服姿で楽しそうに仕事をしている姿を目の当たりにすると、気分が上がります。しかし、投資ステージに見合わない、分不相応にオフィスにお金をかけたおしゃれ過ぎるベンチャーは危険なシグナルでもあります。

ここからは、よいベンチャー／スタートアップを見極めるポイントについて、お伝えします。

①「実装されたビジョン」かどうかを見極める

まずは、その企業の方向性を示すビジョンに共感・共鳴できるかどうか。特に代表自身の考えと、その考えが組織の隅々にまで行き届いたビジョナリー・カンパニーであるかどうかを、ジャッジしてください。そのくらい、ビジョンは大事です。

ビジョンが言語化すらされていない企業は往々にして顧客のほうを向いておらず、自社の都合を優先して商売しようとします。せっかくいいサービスを開発しながら、コケてしまうベンチャーの典型例でもあります。

一例を挙げれば、Ａｍａｚｏｎのプレゼン資料の一枚目には必ず、創業者であるジェフ・ベソスの写真と彼のメッセージ（ビジョン）が載っています。英語で、「地球上でもっともお客様を大切にする企業であること」とシンプルに書かれています。どの資料にも入っていて、社内の会議でも必ず、この議題がＡｍａｚｏｎの目指す方向性に合っているのか・いないのかを頻繁に議論するそうです。

こうしたビジョンや目指すべき北極星のような夢は、かつて大企業がベンチャーだった時代にも存在していました。パナソニックを創業した松下幸之助さんや、本田技研工業を創業した本田宗一郎さんだって、夢やビジョンを掲げていました。当時はミッション・ビジョン・バリューなどという言葉はなかったので、社是などの言葉として掲げられていましたが、周囲の人々にとっては、創業者の発する言動そのものがビジョンだったはずです。ところが、創業代表から社長が交代し、歴史と代を重ね、組織が肥大化するうちに、いつの間にかそうした志やビジョンは形骸化し、薄まっていきます。この現象は時間経過とともに、致し方ないことでもあります。

一方、ベンチャー／スタートアップは、まだ熱い時期。ビジョナリー・カンパニーであれば、全員が同じマインドのもとで同じ方向を向いて進んでいけるタイミングです。特に、ＩＰＯを目指して社員数50～１００人規模の時期は、経営層の言動が隅々まで届き、高い一体感が生まれます。しかしその後、ＩＰＯを達成してからの第二創業期というステップがなかなか難しい。創業期メンバーがＩＰＯ後に入れ替わり、組織も数百人体制になると、徐々に熱気が薄まっていきます。

ただし、ビジョンやミッション、バリューなどを掲げているベンチャーは多く存在しますが、大事なポイントはビジョンの存在そのものではなく、「組織一人一人のタスクにまでビジョンが具体的に落とし込まれているかどうか」、です。社員一人一人に浸透し、社員一人一人がビジョンに向かっていないようなビジョンは、ただの絵に描いた餅に過ぎません。

世界を席巻するGAFAMと呼ばれるビッグテック企業も、明確なビジョンがあって一気に伸びたのです。私はこれら外資企業と仕事をする機会が多いため分かるのですが、これらの企業ではとにかく、ビジョンの浸透に力を入れます。例えば、某社は年に一度は必ず全世界のセールスパーソンを集めてキックオフイベントを開催します。世界中のどこかの都市で、ビッグネームの著名人やミュージシャンを呼んで、熱狂の空間を演出します。

　こういった「儀式」をなぜ重視するのか。その理由は、こうした企業の多くは、ビジョンを隅々まで浸透させることが事業推進にどれだけ重要なのか、深く理解しているからです。重視すべきビジョンを組織の根っこの部分にまでびっしりと張り巡らせることで、世界中に提供する価値をブレさせることなく、大きな幹からどんどん芽を伸ばしていけるのです。あなたも転職活動の際は、企業の目指すビジョンが明確に言語化されているかを見極め、さらに、それが自分の人生のビジョンと合致するのかを、真剣に検討しましょう。

「時代を超えて際立ち、生き残る企業の共通項は、先見性と基本理念を持って変化を続ける企業である」と説いたロングセラー書籍、『ビジョナリー・カンパニー』（ジム・コリンズ著、日経BP出版）は有名ですが、かつての私は、なんだか理想論に聞こえて響かずにいました。

　しかし、企業の持続的な成長に必要な要素を突き詰めていくと、やはりビジョンや経営理念に突き当たるのです。なぜ自分はここにいて、何のために頑張れるのか。

これが分からなくなると、誰だって心が折れてしまいます。

「みんなで楽しく野球をやろう」なのか、「せっかく高校野球をやっているんだったら、真剣に甲子園を目指そうよ」なのかの違いです。確かに楽しく野球をやることも大切ですが、この環境では、練習に来たり来なかったりするメンバーが出てくるし、そうなっても誰も何も言えません。そして、何十年が経ったときに、どちらが良い経験として、心に刻まれているでしょうか？

給与などの条件面や福利厚生は当然、気になると思いますが、大企業からの転職では一時的に給与が下がったり、福利厚生面でも未整備な環境であったりしても、敢えてチャレンジに身を投じる人がたくさんいます。そういう人たちは、創業代表の想いや企業の根っこの部分にある熱いビジョンに共鳴したからだ、と口を揃えます。逆に言えば、ビジョンへの共鳴もなしに人が少ない環境で激務が続けば、ほとんどの人なら参ってしまいます。明確なビジョンがある組織で、みんなが一丸となって前向きに目標へ向かっていく環境は、あなたにとってかけがえのないものを与えてくれるでしょう。

②権限委譲と情報共有がなされているか

業績が伸びるベンチャーは必ずと言っていいほど、要である創業代表のキャラクターや才能に牽引されて頭角を現します。創業代表が強烈なオーナーシップを発揮して他の企業に類を見ない高成長を遂げた例は、枚挙にいとまがありません。もちろん優秀なボードメンバーも必要なのですが、それは代表のビジョンやキャラクターに惹かれて集まるケースが多いので、その意味でもやはり言い出しっぺの創業代表の存在は大きいでしょう。

そのため、ベンチャーはややもすれば、ワンマン社長による独裁経営と紙一重です。勝てば官軍、結果が出ているうちは多少の独裁は許される側面もあります。しかしながら、「とにかく私の言うことを聞け」という独裁型組織だと、もしあなたがそのトップの考えと合わなければ辞めざるを得なくなるか、もしくは生き残るために気に入られようと社内政治に明け暮れるハメになります。いずれにせよそれではなんのために転職したのか、意味がなくなってしまいますので、独裁型の組織は可能なら回避したいものです。

そこで見極めるべきは、「権限委譲」と「情報公開」の仕組みが存在するかどうかです。

権限委譲と情報公開は、組織の風通しを良くし、課題に対する改善提案ができる、経営ボードと社員が対等な関係を保つための仕組みの一つです。組織の透明性と自律性を高めることは、独裁を防ぐ「民主的な仕組み」と言えます。

ベンチャーで働き始めると頻繁に聞くのが「社員一人一人が役員や社長になった

つもりで働いてください」という言葉。つまり経営者目線に立って仕事をせよ、ということです。この状態は、企業からの情報公開と権限委譲がなされてはじめて実現します。経営者目線とはすなわち当事者意識のことで、その意識をメンバー一人一人が持てるようになるためにも、権限委譲と情報公開は特に重要なポイントです。

権限委譲は主体性とオーナーシップを生み出します。例えば、一口に「店長」と言っても、世の中には権限が移譲された店長と権限が移譲されていない店長がいます。自分で主体的にメニューを決めたり店の導線を決めたり、キャンペーンを発案し、実行できる権限を持っているのが権限委譲された店長です。一方、マニュアル通りに実行するだけなのは、名ばかりの権限委譲されていない雇われ店長です。もしアルバイトなら、雨が降ったときに「客足が少なくてラッキー」と思うでしょうが、雇われ店長も同じように「雨のおかげでお客さんが少なくてラクで良かった」と安堵してしまう可能性がある。権限と責任を負った店長であれば、雨で客足の少ないときに「何も手を打たないのはマズイな、どうやって売上を伸ばそうか」と必死に集客のアイデアを考えるでしょう。このように、主体性を持てるかどうかは、権限委譲と比例関係にあります。

一方、情報公開は独裁を防ぎます。私の知り合いの社長が経営するベンチャーでは、組織ガバナンスの仕組みとして、役員や部下に権限を卸して委譲するとともに、組織運営に必要なさまざまな指標や数字……例えばＫＧＩや給与の査定基準、営業利益などのＰＬ情報をすべて公開しています。さらに、裁量が大きく好きなだけ任される分、責任とリターンが比例して大きくなる仕組みにしてあります。その社長自身が、若い頃から権限と裁量を与えられて会社を大きくしてきた経験があるから、そうしているのです。社内で事業を起ち上げたいと発案すれば、任せてもらえる代わりに、すべて自分が責任を負わされる。オフィスを探して借りるところから、付いてきてくれる部下の給料、サービスの売値、法人同士の契約時のリスク回避などなど、「すべてを自分で考えろ」と言われて育ったので、裁量と責任がセットの状態が当たり前だと思っていたそうです。

　さらにこの企業では、社員の給与体系までがガラス張りに公開されています。組織の中では必ず、「隣の席のあいつより自分のほうが働いているのに給料が少ない」と不満に思う人が出てきます。「あいつばかりがいい思いをしている」など不満をくすぶらせて文句を言う人が増えて、事業成長にとって足かせとなるノイズが増える。そうならないために、上司や同僚の給料などの情報を全員に対してガラス張りに情報公開し、会社のいまの業績と利益を詳らかにする。すると不思議なことに、社員のほうから「自分の給料は高すぎるので下げてほしい」と言ってくることもあるそうです。

　その社長曰く、「社員に言われてから情報公開するのでは遅い」。続けて、「この仕組みがないと、自分の主観だけで事業が進む独裁国家になってしまい、成長が長続きしない」と教えてくれました。社員一人一人に事業家としての当事者意識を持ってもらうには、これ以上ない仕組みだと思います。

もちろん、ここまで徹底している企業はごく稀でしょうが、ベンチャー転職ではこのように、それ相応の裁量が与えられ、比例してリターンを得られる仕組みになっているかどうかの見極めが重要です。裁量やリターンが制限されているのは、良いベンチャーではないと言い切ってしまってもよいでしょう。業種や規模によってはすべての情報公開はできないケースもあるでしょうが、少なくとも社員が求めたらすぐに教えてもらえる、風通しの良さの有無は、事前に確認しておくべきポイントです。

ここまで、「良いベンチャーの見極め方」を伝えてきました。なぜこの話をするかというと、世の中にはベンチャースピリットをすでに失ってしまっている企業が、意外と多いからです。大きな取引先を見つけて出資を得て安定してしまい、半ば子会社化されて成長を止めてしまっているようなベンチャー。逆に、ベンチャースピリットが強すぎて、社長の独善・独裁が目に余るベンチャーも存在します。

これらの企業では、せっかくあなたが大企業を辞めるというリスクを冒してまでチャレンジしようとしても、おそらくは期待した成長は得られないでしょう。

ここまで説明した、「ビジョンやコア・コンピテンシー（核になる競争優位性）、魅力・夢を持つビジョナリー・カンパニーであること」「権限が委譲され、責任の範囲を広げていける仕組みがあり、情報共有・公開が意図的になされていること」。これらの条件は、成長ステージによっては現時点で完璧には揃っていないかもしれませんが、これらの考え方に共感し、その将来的にはすべてが揃う可能性があるか？はしっかりと、見極めておきましょう。

コラム

「運用力」ではなく「調達力」を身につける

ここまで「良いベンチャーの見極め方」を伝えてきましたが、良いベンチャーで自身が成長を遂げるには、「調達力」が求められます。調達力とは、経営資源としてのヒト・モノ・カネ・情報・時間のすべてが揃っていないベンチャーの環境で、人を採用し仲間を集め、モノを仕入れ、お金を集めて、情報を収集し、時間を捻出する力のことです。例えるなら、自力で小さな魚を採って売り、次第に釣竿や餌を工夫し、やがて網や船をつくったり仕入れたりして商売を大きくしていくこと。そんな力を調達力と呼びます。商売力と言い換えても良いでしょう。

大企業ではどちらかというと、「運用力」が求められます。運用力とは、すでに在る事業を育てるために取引先を増やす、サービス・モノを拡販しさらに仕入先を増やす、今あるリソースを最大限に利用・活用して効率を上げる……といった力のことです。大企業では「調達力」が必要になるのは、マネジメント層や経営層になる40代〜50代以降。それまで「調達力」を求められることは、ほとんどありません。

これまで運用力だけを身につけてきた人が、いきなり調達力を求められる環境に飛び込むのがベンチャー転職です。ベンチャーで働き始めると、「全部任せるからやっていいよ」「外から調達していいよ」と、いきなり調達力を試されます。その違いに気が付かないまま過ごして腐ってしまう人もいれば、気が付いてどんどん頭角を現す人もいる。前述の「社員一人一人が役員や社長になったつもりで働いてください」という言葉は、「調達力・商売力を身につけましょう」と同義なのです。

ソフトバンクの孫さんは最初から調達力に長けていた人で、カリフォルニア大学バークレー校生時代のエピソードがまさにそれ。当時はまだ学生で勉強に忙しく時間のなかった孫さんは、大学教授を雇って商品開発チームを結成。売れたら成功報酬を配る約束をして音声付電子翻訳機を設計させ、試作機を完成させました。その後、まったく面識のないシャープの役員と面談の約束を強引に取り付け、試作機をもとに売り込み、契約に成功。1億円以上の資金を手にし、それを元手にソフトバンクを創業しました。その後も、初代iPhoneが出たらすぐにアップルのスティーブ・ジョブズの元へ「私に日本で売らせてほしい」と直談判しに向かったり、まだ当時は日本で誰も知らなかったアリババに2000年時点で投資をしていたりと、群を抜いた調達力・商売力を持っています。

このような例はさすがに常人に真似できるレベルではありませんが、自分の仕事の周りには、まだ手つかずの課題やみんなが気付いていない困りごとがたくさん眠っています。それを一つずつ、課題解決していく。ドラクエのように自ら能動的に少しずつ経験値とレベルを上げて武器を手に入れていくことで、一生食いっぱぐれない調達力が身につきます。ベンチャーは、自ら商売して稼げるようになる過程を、自分次第で体験できる、いわば冒険のステージです。大企業にいたら偉くなるまで持つことがない調達力が必要な場面も、ベンチャーなら早いうちから経験できる。これも、ベンチャーへ転職する醍醐味の一つでしょう。

ベンチャー／スタートアップへの転職ステップ「複業」の捉え方

本書のメインテーマは、大企業からベンチャー／スタートアップ転職を目指す方へエールを送ることですが、一方で、いきなり大企業からベンチャーへ転職するのはリスクが高いのも事実です。そこで注目したいのが、ワンクッションを挟む動きです。そのワンクッションとは、いま話題の「複業」です。

ちなみに、「副業」と「複業」の違いをご存知でしょうか? 実は微妙に意味合いが異なります。

●副業:主に収入を得ている仕事を本業と捉えた場合に、本業以外で収入を得ること。サイドビジネス。

●複業:携わるどれもが本業で、主従関係のない、複数の仕事に携わる働き方。パラレルワーク。

明確な定義ではないのですが、一般的に、アルバイトやパート感覚で行うのが副業で、本腰を入れて取り組むのが複業、と使い分けされているようです。本書では主に複業を解説します。

近年、大企業も副業（複業）・兼業を認めるケースが増えてきました。これは、2018年頃に始まった政府主導の働き方改革の流れを組む動きです。この背景には、労働者（生産年齢）の人口が年々、減少傾向にあり、どの業界も人手不足に陥っている問題があります。そこで、労働力不足を補うために、副業・複業が後押しされたのです。

新生銀行やロート製薬、ソフトバンクなどはいち早く副業解禁を表明しました。この流れに対して、大手企業に務める若手中堅社員の7割以上が「複業に興味がある」と回答したデータもあります。（2017年ビジネスインサイダー 大手企業45社の若手有志による団体が、若手中堅社員1600人に聞いたアンケート結果により）。

社会構造の変化により、一社に長く勤めるほうが得をする時代は終わりつつあります。むしろ、生涯にわたって一社のみに勤め続けるほうが、リスクが高いと最近は考えられています。

また、昨今よく耳にする「リスキリング（学び直し）」も、この文脈の延長線上にあり、一つの産業、一つの業界、一つの企業、一つのスキルの経験だけでは、すぐに陳腐化してしまう情報社会のありようを反映しています。

そのため、大企業人材にとっての複業は、未来への先行投資や個人キャリアの新規開発の意味合いが強いのです。短期的な目線で小銭を稼ぐ「副業」ではなく、スキルアップや自己実現という成果を獲得しにいくのが、大企業で複業を行う人々の大きなモチベーションです。

また、大企業側も考え方に変化が起きていて、プロパーではない複業人材を社内に受け入れるケースが増えています。例えば、ITに弱い大企業の一部門が、フリーランスのエンジニアにIDカードを渡し、事業責任者として受け入れているようなケースです。

このように今、徐々に複業人材市場が立ち上がりつつあります。「複業転職」という言葉もあり、あたかも学生のインターン制度のように、複業を通じて互いの相性を見極めた上で、社員契約を結ぶ仕組みと市場が立ち上がっているのです。また、東京在住・在勤ながら地方企業でも働いたり、逆に地方在住・在勤ながら東京の企業でも働いたりする「二拠点複業」も増えており、こうしたニーズを取り込む「複業転職」サービスも、すでに存在します。

この複業転職市場では、新規プロジェクトを立ち上げるＰＭ（プロジェクトマネージャー）職募集を始め、新規事業の計画立案やマーケティング支援、広報支援、セールスやなどの募集が多く見られます。社内では補えないリソースを、優秀な社外人材によって補いたいニーズが高いようです。

言うならば、複業によって自分の力を社外で試してみる「テストマーケティング」が可能なワケです。もちろん、今の仕事をこなしながらになるので高いセルフマネジメント力が必要ですし、実行するのはそう簡単ではありませんが、それでもいきなり転職してしまうよりは、リスクを回避できると思います。

興味のある方は、複業マッチングサービスを覗いてみることをオススメします。

第7章

大手企業もかつてはベンチャー／スタートアップだった

ソニーもトヨタもかつてはベンチャーだった

太平洋戦争が終戦した翌年の1946年、ソニーグループ創業者の井深大氏と盛田昭夫氏は、東京通信工業株式会社を設立しました。従業員数約20名の小さな会社です。会社設立の目的を「技術者がその技能を最大限に発揮することのできる〝自由闊達にして愉快なる理想工場〟を建設し、技術を通じて日本の文化に貢献すること」と、記しました。この一文は現在でいう、ビジョンとパーパスです。

そして1950年、世界初のテープレコーダー「G型」の販売を開始。倉庫から始まった小さなベンチャーは「人のやらないことをやるチャレンジ精神」のもと、世界展開とブランド化の重要性を早くから認識し、55年にはソニーの名を冠した商品を発売、58年にはソニーを社名としました。その後、多くの日本初・世界初の商品を世に送り出し、今やものづくりにとどまらない世界的な企業となっています。

トヨタ自動車は戦前の1933年に始まりました。日本で初めての動力織機を発明した豊田佐吉氏の長男・豊田喜一郎氏が、豊田自動織機製作所（現・豊田自動織機）の中に、自動車部を設立したのが始まりです。1936年にトヨタ初の乗用車「トヨダＡＡ型乗用車」を発売しました。

その後60年代までに、世界のものづくりを変えたと言われるトヨタの代名詞「トヨタ生産方式」と「かんばん方式」を確立。89年には高級ブランド「レクサス」を北米で販売開始、97年には乗用車初のハイブリッドカー「プリウス」を発売しました。23年は世界販売台数が一千万台を超え、自動車メーカーで世界一の売上高になりました。

このように、現在では世界的企業となったソニーとトヨタも、かつてはベンチャーだった過去があり、昭和の高度成長期を経て、バブル崩壊後には赤字を出して苦汁を舐める時代がありました。その後の2社の発展は、皆さんご存知の通り。ソニーは平井一夫元社長が、トヨタは豊田章男元社長が、強烈なリーダーシップのもとに組織改革を断行し、見事に業績を回復させただけでなく、その後の成長曲線を描く明確なビジョンを再定義しました。そして、この二人のリーダーには、強いベンチャーマインドが備わっていたように思います。それは、チャレンジ精神と改革を断行する力、アイデアの創造性です。

大企業は本来、社会への大きな影響力とポテンシャルを秘めています。一従業員が組織の膠着状態を変えることはできないかもしれませんが、日本が変わるには大企業も変わる必要がありますし、変われます。そのために私が必要だと考えているのが、人の流動性であり、みんなが自分の働き方を主体的に考え、選べる世の中になることです。

大企業を中から変えようとする取り組み

パナソニックやNTTグループなどの大企業の若手・中堅社員を中心とした約50の企業内有志団体が集う実践コミュニティ「ONE JAPAN」（https://onejapan.jp/）は、保守的な大企業の中でも挑戦の文化を創造するべく、組織を活性化し社会をよりよくするための、さまざまな取り組みを行っています。

新しいアイデアを実行できない空気やイノベーションを起こせない空気を感じてくすぶっている方は、一度Webサイトを覗いてみてはいかがでしょうか。仲間づくりや発信の場としても機能している「ONE JAPAN」から、何かのヒントを得られるかもしれません。

なぜ日本経済は30年以上、停滞しているのか

なぜ日本経済が30年間も停滞し止まったままなのか、よく議論の俎上に上がります。多くの人がさまざまな角度から持論を展開しますが、多くの識者が「戦後に構築された構造が打破できないからだ」と、その理由を指摘します。

確かに、戦後に構築された、強固な既得権益と利権に群がる構造により、政治も経済もあらゆる面で雁字搦めになってしまっています。「上級国民」と揶揄される一部の特権階級の人たちのせいだけではなく、庶民のマインドセットまでもが硬直化し、チャレンジよりも安定を望む人ばかりが増え、日本全体が凝り固まった閉塞感に包まれている気がします。

私はズバリ、この停滞の原因は、「言わずもがな」で「空気を読む」ことを求める、

日本特有の「ハイコンテクスト文化」にあると考えています。

ハッキリ意見を言わない曖昧な関係性の中で、互いに「空気」を読み合い、「遠慮」をし合い、過度な「忖度」を良しとして、「同調圧力」が異様に強い文化。これは複雑な尊敬・謙譲・丁寧語が絡み合い、主語がなく、最後まで読まない（聞かない）と結論が分からない、日本語の難しさにも現れています。

もちろん、ときにそれらは不要な軋轢や摩擦を避けるプラスの効果もあるのですが、ことビジネスや経済の現場では、主義主張や責任の所在を曖昧にする、そもそも相手に何を依頼したいのかが分かりづらいなどなど、マイナスに働くことが非常に多いのです。私はこのことに、外資企業とビジネスをして気が付きました。彼らにももちろん遠慮や配慮はありますが、ことに日本企業の働き方は、それが異様に色濃いのです。そしてそのことが、生産性を著しく下げるだけでなく、不祥事が発生した際の隠ぺい体質や、事業が失敗した際の撤退の判断の遅さにつながっている気がしてなりません。

私はビジネスにおける話し方、文章の書き方を教える講座を開催していますが、そこで教える内容は皆さんが想像するような敬語とかビジネスマナーではなく、仕事における過度な「遠慮」を排除するトレーニングです。

分かりやすい例を挙げると、世界で活躍するサッカー選手やバスケットボール選手が、「先輩にこんな鋭いパスを出して受けられなかったら恥をかかせるかもしれない。緩くパスを出そう」などと考えるでしょうか？　しかし、実際のビジネスの現場ではこのような遠慮や配慮、忖度が、ものすごく多いのが現実です。そしてそれは目に見えない透明な壁のように、一人一人の間に立ちはだかっています。

歴史が長く大きな組織ほど、こうした暗黙の了解や不文律、しがらみがどうしても多くなります。大企業の割合は社数でたったの0・3％、働いている人数は約

30％ですが、日本経済への影響力は甚大です。

変わり始めた大企業

こうした中、一部の大企業は変わり始めています。資本コストや株価を意識した経営を求められるようになり、東証の区分も一部、二部、マザーズからプライム、スタンダード、グロースと、新しい3市場区分に再編されました。日本の株式市場の流動性を高め、市場を活性化させるのと同時に、ＲＯＥ（自己資本利益率）やＰＢＲ（株価純資産倍率）などの指標とともに、経営に対して厳しい評価が下されるようになっていくでしょう。東芝が非上場化したように、成長のない組織は市場からの退場を余儀なくされます。

また、コロナ禍によって世界中の状況が横並びに比較され、ＦＡＸを使ってアナログな方法で統計データを算出している例などが海外でも報じられて、いかに日本のデジタル化が遅れているか、白日の下に晒されました。その結果、政府が重い腰を上げ、デジタル化を推し進める方針を打ち出しました。道半ばではありますが、その方針に追従して改革の狼煙を上げる企業も増えています。

ほかにも、前述の「ONE JAPAN」の取り組みを始め、ベンチャーと大企業とのオープンイノベーションなど、改革の萌芽があちこちで芽生えています。

大企業と、そこに働く人もベンチャーマインドと変革が求められている時代

バブル経済の崩壊まで何十年と続いた、国内市場と消費の右肩上がりの時代は、とうの昔に終わっています。日本は少子高齢化と人口減少という課題先進国です。にもかかわらず、第四次産業革命とも呼ばれるデジタル化にも乗り遅れている日本。コロナ禍でのショック療法効果もあって、Web会議が当たり前になるなど、デジ

タル化は少し前進したかに見えますが、「できれば変わりたくない」という体質は変わらず、のど元過ぎればすぐに元通りになりそうな気配も感じています。

これまでもお伝えしてきた通り、こんな時代に生き残れるのは、組織の大小や設立の新旧にかかわらず、ベンチャーマインドを持った企業だけです。そしてそれは、中にいる社員一人一人にも、求められることなのです。この流れは、避けられないでしょう。これまでのように、働く環境や働き方を一度決めたら、じっとぶら下がって一生勤め上げることのメリットは、減り続けています。大きな組織に所属していれば安心という保証は、もうどこにも存在しないのです。

仕事や働くことの本質を見つめ直し、自分の武器を自分で増やしていける人しか勝ち残れない時代。一人一人が真剣に自分のキャリアを考えなければ生き残れない時代に突入しつつあります。良いか悪いか、好きか嫌いかではなく、事実なのです。であれば、一度真剣に考えてみてください。そして、進む先を決意したら、迷わずに行動しましょう。

もちろん、大企業が十把一絡げにダメなわけでもないし、ベンチャーの企業スケールでは関われない大きさの仕事も世の中にはたくさん存在します。それ以外にも、大企業に在籍していないと得られないメリットは、数多くあります。すべての大企業が沈みゆく巨大船で、だから早く脱出しましょう、というメッセージではない点は、重ね重ねお伝えしておきます。

「どこにいるのか」ではなく、「自分が何をするのか」が重要です。

おわりに

もし今、あなたが在籍中の組織が硬直化していて、もうこれ以上は打つ手なしと感じているのなら、環境を変えてみるのも一つの選択肢です。しかし、いきなり転職して環境が大きく変わるのは不安だらけだろうし、リスクの及ぶ範囲が分からなければ、正しい判断が下せないでしょう。だから、可能な限りの情報を一カ所に集めて、少しでもそれを払拭したい、と思って本書を執筆しました。

本書に込めているのは、「ベンチャーへ行け」というメッセージではありません。ベンチャー転職が気になっている、でも不安はある、正しい情報がよく分からない。こんな人たちに向けて、新しい働き方と人生を選択するための情報をまとめて提供したい。それが本書の狙いです。きっとあなたは、転職関連の情報をネットで調べたことでしょう。しかし、さまざまなところにさまざまな情報が散乱していて、困惑したのではないでしょうか。案外、この手の情報をまとめた本は見つからないものです。事前に可能な限りの情報を手に入れて、正しい選択をしてほしい。選択を経て、行動する人に、エールを送りたい。それが本書をまとめた私の根源的な動機です。

働く環境を自分で選択し、自分の能力を最大限に発揮できるフィールドへ移れる。そんな世の中であるべきだし、それが可能な時代になりつつあります。

さて、あなたはどうしますか?

会社にぶら下がるのではなく、自分で考えて働く環境と働き方を選べる時代です。その権利と機会を、存分に活かしてください。

そんな一人一人の力と決断が、ひいては日本を良くすることにつながります。私の望みは、自分が得てきたノウハウやスキルを、本書を通じて若い世代に渡していくことです。この行動が、ひいては日本への貢献になるし、中小企業やベンチャーの応援にもつながる。働く人々がもっと幸せになる。

そんな日本の未来を願って——。

最後に、本書を執筆するにあたり強力なお力添えをいただいたグローバルパートナーズ株式会社の山本康二社長、編集に尽力いただいたゴマブックス株式会社の横田靖さんはじめスタッフの皆さん、ライティングをお手伝いいただいた山岸裕一さん、取材にご協力いただいた各氏、インタビューにご協力いただき推薦文まで寄せていただいた森本千賀子さん、米倉誠一郎さん、伊藤羊一さんに、この場をお借りして改めて御礼を申し上げます。

2024年4月

株式会社 Red Comet Management 代表取締役CEO
マーケティングコンテンツコンサルタント　宮﨑晃彦

（参考ＵＲＬ）

https://www.nikkei.com/article/DGXZQOUC05AU70V01C22A2000000/

https://www.chusho.meti.go.jp/koukai/chousa/chu_kigyocnt/2018/181130chukigyocnt.html

https://initial.inc/articles/japan-startup-finance-2023h1

●著者プロフィール

photo by Herbie Yamaguchi

宮﨑 晃彦（みやざき てるひこ）

マーケティングコンテンツコンサルタント
株式会社Red Comet Management
代表取締役CEO
https://www.red-cm.com/
1970年福岡市生まれ。大学卒業後、商社の営業職（10年間）から2003年にBtoBマーケティング・プロモーションの企画・制作職に転進。株式会社ショーケースTV 執行役員、株式会社北斗社 事業部長を経て、2018年に株式会社Red Comet Managementを創業。外資・国内/大手・中小・ベンチャー/IT・製造・人材など幅広い規模と業界のBtoB企業に対しマーケティングコンテンツコンサルを提供する傍ら、国内/外資、あらゆる規模、業界の企業と年間数百件のプロジェクトを推進してきた知見を生かした日本のビジネスパーソンの働き方、キャリアデザインについての情報発信を行う。

転職or残留

2024年6月10日　初版第1刷発行

著　　者／宮﨑晃彦
発 行 者／赤井　仁
発 行 所／ゴマブックス株式会社
〒150-0002
東京都渋谷区渋谷2丁目10番15号
エキスパートオフィス渋谷
プロデュース協力／グローバルパートナーズ株式会社
カバーデザイン／森川太郎
印刷・製本／日本ハイコム株式会社
編集協力／山岸裕一

ISBN978-4-8149-2269-7